효과만점 ^^
왕초보
영문법

지종엽 지음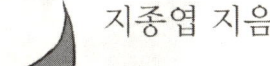

도전하라!
영어의 왕초보들이여
골치아픈 영문법을
24시간내에 완전정복하라

분해와 도해로 24시간에 끝내는 영문법 완전정복 프로젝트

비블리아

저자 소개

서울시립대학교
미국 God's Bible College
미국 Azusa Pacific University 신학대학원
서울중앙신학교 교수
비블리아선교회 대표

*저자 연락처: 010-2320-5291

효과만점 왕초보 영문법

초판인쇄일: 2009. 2. 5
초판발행일: 2009. 2. 10
저자: 지종엽
발행인: 원유애
발행처: 비블리아
주소 / 서울 강북구 우이동 37-1(2F)
전화 / (02) 925-4019, 010-6744-7019
FAX / (02) 925-4019
등록번호 / 제9-256호(2004. 10. 16)
ISBN 978-89-955846-2-0

이 책의 저작권은 저자에게 있습니다. 서면에 의한 저자와 출판사의 허락 없이
내용의 일부 혹은 전부를 인용 및 복제하거나 발췌하는 것을 금합니다.
※ 낙장 및 파본은 교환해 드립니다.

정가 10,000원

※ 책 구입에 관한 문의는 비블리아출판사(02-925-4019)로 하시기 바랍니다.

English Grammar for Beginners

세상에서 가장 쉬운 영어 학습법

"요즘은 중학교 2학년만 되도 영어를 포기하는 학생들이 많습니다."
어느 중학교 영어 선생님의 말입니다.
영어 기초가 부족한 학생들은 중학교 2학년만 되도 학교 수업을 따라 가지 못하고, 결국에는 영어를 포기하는 상황이 벌어진다는 겁니다.

"영어공부 절대로 포기하지 마세요!"
영어 공부를 어려워하는 학생들에게 이 말을 꼭 해주고 싶습니다.
영어는 포기하기에는 너무나 중요한 과목이기 때문입니다.
이 책은 중학교 입학을 앞 둔 초등학교 5, 6학년과, 영어를 어려워하는 중학생들이 배우면 딱 좋은 영문법 학습서입니다.

영어를 잘하기는 너무 늦었다고 생각하는 고등학생도 이 책으로 공부하면 결코 늦지 않습니다.
누구든 이 책으로 24시간만 공부하면 막혔던 영어가 뻥 뚫리게 됩니다.
영어 독해는 물론 작문까지도 술술 하게 되며, 영어 성적도 최상위급으로 올라가는 기적을 체험하게 될 것입니다.

이 책은 "세상에서 영어를 가장 쉽게 배울 수 있는 영문법 학습서"입니다.
① 미국 학생들이 영어를 쉽게 배우도록 고안된 영어 도해의 원리와
② 한국 학생들이 영어를 가장 쉽게 배울 수 있는 영어 분해의 원리로
③ 영어의 기본 5형식을 토대로 꼬리에 꼬리를 무는 방식으로 영어를 이해하면서
④ 각 단원의 익힘문제와 연습문제를 풀면 24시간 만에 영어에 능통할 수 있습니다.

영문법 완전정복 24시간 프로젝트에 도전하세요. 당신도 영어의 달인이 될 수 있습니다.

2009년 2월
우이동에서
지종엽

영문법 완전정복 24시간 프로젝트

*프로젝트(계획표)에 따라 공부한 후 확인란에 체크하세요

순번	과제	소요시간	시간 총계	확인
1	팔품사	1시간	1시간	
2	연습문제1	30분	1시간 30분	
3	기본5형식구문	1시간 30분	3시간	
4	연습문제2	1시간	4시간	
5	전치사구문	1시간	5시간	
6	연습문제3	30분	5시간 30분	
7	관사	1시간	6시간 30분	
8	연습문제4	30분	7시간	
9	동사의 시제	1시간	8시간	
10	연습문제5	30분	8시간 30분	
11	의문문/부정문	1시간	9시간 30분	
12	연습문제6	30분	10시간	
13	수동태구문	30분	10시간 30분	
14	연습문제7	30분	11시간	
15	조동사구문	1시간	12시간	
16	연습문제8	30분	12시간 30분	
17	명사절구문	1시간 30분	14시간	
18	연습문제9	30분	14시간 30분	
19	형용사절구문	1시간 30분	16시간	
20	연습문제10	30분	16시간 30분	
21	부사절구문	1시간 30분	18시간	
22	연습문제11	30분	18시간 30분	
23	부정사구문	1시간	19시간 30분	
24	동명사구문	1시간	20시간 30분	
25	분사구문	1시간	21시간 30분	
26	연습문제12	1시간	22시간 30분	
27	연결어구문	1시간	23시간 30분	
28	연습문제13	30분	24시간	

차 례

저자서문

이 책의 특징

I. 단문(단순한 문장)으로 기초를 세우라

1. 팔품사 • 12
✎ 연습문제1 · 19

2. 기본5형식 구문 • 19
1형식구문 · 19
2형식구문 · 20
3형식구문 · 25
4형식구문 · 28
5형식구문 · 29
✎ 연습문제2 · 30

3. 전치사 구문 • 34
분해와 도해로 전치사구 이해 · 34
전치사의 유형 · 36
- 시간을 나타내는 전치사 36
- 장소를 나타내는 전치사 39
- 방향을 나타내는 전치사 44
- 원인 이유를 나타내는 전치사 47
- 도구 방법을 나타내는 전치사 47

✎ 연습문제 3 · 48

4. 관사 • 51

부정관사의 용법 · 51
정관사의 용법 · 52
무관사의 용법 · 54
✎ 연습문제 4 · 55

II. 동사를 알면 영어가 보인다

5. 동사의 시제 • 58

현재시제 · 58
과거시제 · 58
미래시제 · 61
진행시제 · 61
완료시제 · 63
✎ 연습문제 5 · 65

6. 의문문 / 부정문 • 67

의문문 · 67
 · 긍정문의 의문문 전환 67
 · 의문사가 있는 의문문 68
부정문 · 72
✎ 연습문제 6 · 74

7. 수동태 구문 • 76

능동태와 수동태 · 76
'by+사람'이 없는 수동태 · 77
✎ 연습문제7 · 79

8. 조동사 구문 • 80

조동사의 용법 · 80

- can   80
- may / might   80
- must / have to   81
- must not   82
- must be   82
- should   82
- had better   82
- would   84
- used to   84

공손한 요청에 사용되는 조동사 · 85

- I 를 주어로 사용하는 공손한 요청   85
- you 를 주어로 사용하는 공손한 요청   87

복합조동사 · 88

- be able to   88
- be going to   89

✎ 연습문제 8 · 90

III. 복문(복잡한 문장), 알고 보면 별것 아니다

9. 종속절 구문 • 94

주절과 종속절   94

명사절 구문 · 95

- 의문사로 시작되는 명사절   95
- 의문부사로 시작되는 명사절   101

· 접속사 that이나 if로 시작되는 명사절　104

✍ 연습문제 9 · 106

형용사절 구문 · 109
· 관계대명사로 시작되는 형용사절　109
· 관계부사로 시작되는 형용사절　115
· 관계대명사를 생략한 형용사절　118
· 형용사절구문의 계속적용법　118

✍ 연습문제10 · 120

부사절 구문 · 123
· 시간의 부사절　124
· 장소의 부사절　126
· 목적의 부사절　126
· 원인의 부사절　128
· 결과의 부사절　128
· 조건의 부사절　129
· 양보의 부사절　130
· 대조의 부사절　131
· 비교의 부사절　131

✍ 연습문제 11　134

10. 종속구 구문 • 136

부정사, 동명사, 분사구문의 공통점과 차이점 · 136

부정사 구문 · 136
· 명사 역할을 하는 부정사　136
· 형용사 역할을 하는 부정사　138
· 부사 역할을 하는 부정사　139
· 원형부정사　140

동명사 구문 · 144
- 동명사의 일반적 형태   144
- 동명사의 의미상 주어   145
- 자주 쓰이는 동명사의 특별용법   146

분사구문 · 147
- 형용사로 쓰이는 분사구   147
- 부사절을 대신하는 분사구   150

✐ 연습문제12 ·   153

11. 연결어 구문 • 156

두 단어나 두 문장을 연결할 때 · 156

원인, 결과, 조건을 나타낼 때 · 159

✐ 연습문제13 · 160

☺ 연습문제 해답 · 162

I

단순한 문장
단문으로 기초를 세우라

팔품사

기본5형식 구문

전치사 구문

1 팔품사

> 영어의 문장을 구성하는 단어의 성품을 가리켜 품사(品詞)라고 한다.
> 영문에는 8개의 품사(명사, 대명사, 형용사, 동사, 부사, 전치사, 접속사, 감탄사)가 있다.
> 8품사는 영어의 문장을 구성하는 기본 요소이다.

1. 명사

명사(名詞)란 이름을 갖고 있는 품사를 말한다. 세상에 존재하는 것 중에서 이름을 갖고 있는 것은 모두 명사이다.

하늘(sky), 사랑(love), 어머니(mother), 꿈(dream), 컴퓨터(computer) 등

2. 대명사

대명사(代名詞)란 명사를 대신하는 품사를 말한다. 대명사에는 주격, 소유격, 목적격, 소유대명사가 있다.

■ 주격 대명사

주격대명사는 문장에서 주어의 역할을 하는 대명사를 말한다.

(예1) 나는 학생이다.
　　　주격대명사

　　　I am a student.
　　　주격대명사

(예2) 그는 선생님이다.
　　　주격대명사

　　　He is a teacher.
　　　주격대명사

■ 소유격 대명사

소유격대명사는 문장에서 소유의 의미를 갖는 대명사를 말한다.

　　그는 나의 친구이다.
　　　　소유격대명사

　　He is my friend.
　　　　소유격대명사

■ 목적격 대명사

목적격대명사는 문장에서 목적어의 역할을 하는 대명사를 말한다.

　　우리 선생님은 우리를 사랑하신다.
　　　　　　　목적격대명사

　　Our teacher love us.
　　　　　　　목적격대명사

■ 소유 대명사

소유대명사는 소유한 것을 나타내는 대명사를 말한다.

　　이 책은 내 것이다.
　　　　　소유대명사

　　This book is mine.
　　　　　　소유대명사

☞ 대명사를 정리해 보면 ...

	주격대명사	소유격대명사	목적격대명사	소유대명사
1인칭 단수	나는(I)	나의(my)	나를(me)	나의 것(mine)
2인칭 단수	너는(you)	너의 (your)	너를 (you)	너의 것(yours)
3인칭 단수	그는(he) 그녀는(she) 그것은(it)	그의(his) 그녀의 (her) 그것의 (its)	그를 (him) 그녀를 (her) 그것을 (it)	그의 것(his) 그녀의 것(hers) 그것의 것(its)
1인칭 복수	우리는(we)	우리의(our)	우리를(us)	우리의 것(ours)
2인칭 복수	너희들은(you)	너희들의(your)	너희들을(you)	너희들의것 (yours)
3인칭 복수	그들은(그것들은) they	그들의(그것들의) their	그들을(그것들을) them	그들의 것(그것들의 것) theirs

팔품사 | 13

☞ 이렇게 외우세요 ^^

> 아이 마이 미 마인, 유 유어 유 유어즈
> 히 히즈 힘 히즈, 쉬 허 허 허즈
> 잍 잍스 잍 잍스, 위 아워 어스 아워즈
> 유 유어 유 유어즈, 되이 되어 뎀 되어즈

☑ 익힘문제 1 (해답 17쪽)

❓ 아래 (   )에 적당한 대명사를 넣으시오.

(1) 나는 그녀를 사랑한다.
  (   ) love (   ).

(2) 우리는 그들의 도움을 바란다.
  (   ) hope (   ) help.

(3) 그 책은 그녀의 것이다.
  This book is (   ).

3. 형용사

형용사(形容詞)는 무언가를 형용하는데 쓰이는 품사를 말한다. 어떤 것의 크기나 상태, 무늬, 색깔, 개수 등을 나타내는 것은 모두 형용사이다. (예: 큰, 파란, 좋은, 아름다운, 많은 ...)

형용사에는 명사를 꾸며주는 형용사와 명사의 상태를 묘사하는 형용사가 있다.

① 명사를 꾸며주는 형용사

이것은 아름다운 집이다.
지시대명사 형용사 명사

This is a beautiful house.
지시대명사 형용사 명사

※ a는 관사라고 부르지만 사실은 하나라는 의미를 가지고 있는 일종의 형용사이다.

② 명사의 상태를 묘사하는 형용사

　　이 집은 아름답다.
　　형용사 명사　　형용사

　　This house is beautiful.
　　형용사　　명사　　　　형용사

4. 동사

동사(動詞)는 사물의 동작이나 상태를 나타내는데 쓰이는 품사를 말한다.
동사에는 동작을 나타내는 동사와 상태를 나타내는 동사가 있다.

① 동작을 나타내는 동사 (예: 먹는다, 입는다, 간다, 공부한다 등)

　　나는 공부한다.
　　대명사　동사

　　I study.
　　대명사 동사

② 상태를 나타내는 동사 (예: 존재한다, 된다, 보인다 등)

　　그는 의사가 되었다.
　　대명사 명사　동사

　　He became a doctor.
　　대명사　동사　　명사

5. 부사

부사(副詞)는 동사나 형용사 또는 다른 부사를 수식하는데 쓰이는 품사이다.

① 동사를 수식하는 부사

　　나는 열심히 공부한다.
　　대명사　부사　　동사

　　I study hard.
　　대명사 동사　부사

② 형용사를 수식하는 부사

그녀는 매우 아름답다.
대명사 부사 형용사

She is very beautiful.
대명사 동사 부사 형용사

③ 다른 부사를 수식하는 부사

그는 매우 빨리 달린다.
대명사 부사 부사 동사

He runs very fast.
대명사 동사 부사 부사

6. 전치사

전치사(前置詞)는 명사와 대명사 앞에 놓이며, 명사나 대명사를 다른 말과 관계시키는 품사이다. 우리말에서는 전치사를 조사라고 부르는데 명사나 대명사 뒤에 놓이면서 다른 말과 관계시킨다.

나는 그와 함께 학교에 간다.
대명사 대명사 조사 명사 조사 동사

I go to school with him.
대명사 동사 전치사 명사 전치사 대명사

위 영문에서 전치사 to는 school 앞에 붙어서 '학교에'라는 부사의 의미를 갖는 말로 바뀌어 동사 go를 수식한다. 그리고 전치사 with는 대명사 him 앞에 붙어서 '그와 함께'라는 부사의 의미를 갖는 말로 바뀌어 동사 go를 수식한다. (*자세한 내용은 3장 전치사편문 참조)

7. 접속사

접속사는 '단어와 단어, 구와 구, 절과 절을 연결'하는 품사이다.

나와 그녀는 학교에 간다.
　접속사

I and she go to school.
　접속사

8. 감탄사

감탄사는 기쁨이나 슬픔과 같은 강한 감정을 표현하는데 쓰이는 품사이다. 감탄사 뒤에 또는 감탄사가 쓰인 문장의 뒤에는 느낌표(!)를 붙인다.

오! 당신은 정말 아름답군요.
감탄사　대명사　부사　　형용사

Oh ! you are so beautiful.
감탄사　대명사　동사　부사　　형용사

☺ 해답(익힘문제1)
1. I, her   2. we, their   3. hers

✎ **연습문제 1** (해답 162쪽)

다음 영문의 품사를 기록하시오.(단어의 품사를 잘 모를 때에는 영어사전을 찾아보세요.)

(예) I usually go to school.
　　　대　부　　동　전　명

※ 명(명사), 대(대명사), 형(형용사), 부(부사), 동(동사), 전(전치사), 접(접속사), 감(감탄사)의 줄임말

1. The teacher loves us.

2. I finished my work.

3. I watched a movie on television.

4. I read the Bible everyday.

5. Look! He is the hero.

6. Minho and his friend study hard.

7. We went to shopping because the weather was good.

8. He asked me where I lived.

9. She is a beautiful girl and he is a handsome boy.

10. John always go to school with his brother.

2 기본5형식 구문

> 영어를 집짓는데 비유하면, 8품사가 집짓는 재료라면 기본5형식은 집의 토대라고 할 수 있다. 모든 영어 문장은 기본5형식을 토대로 하여 만들어진다. 그러므로 영어의 기초를 튼튼히 쌓으려면 기본5형식구문을 분명히 이해하여야 한다.
>
> 기본5형식 구문의 원리
> 1형식구문 : 주어+동사
> 2형식구문 : 주어+동사+보어
> 3형식구문 : 주어+동사+목적어
> 4형식구문 : 주어+동사+간접목적어+직접목적어
> 5형식구문 : 주어+동사+목적어+목적보어

📖 1형식 구문 (주어+동사)

1형식구문은 '주어+동사'로 구성된 문장이다. 주어는 행동의 주체를 말하며, 동사는 행동의 내용을 말한다. 주어가 될 수 있는 품사는 명사와 대명사이다.

(예1) 나는 걷는다.
　　　주　동

　　　I walk.　　☞ 분해
　　　주　동

　　　I | walk　　☞ 도해

※ '주'는 주어의 준말이고, '동'은 동사의 준말이다.
※ 분해에서 주어와 동사는 단어의 밑에 기록하고, 도해에서는 주어와 동사 사이를 가로지르는 수평선(┼)으로 구별한다.

(예2) 나는 항상 걷는다.
　　　주　　　부　동

I always walk.
주　　부　　동

```
   I   |  walk
       |  always
```

※ 분해에서 '항상'(always)은 동사 '걷다'(walk)를 수식하는 부사이므로 단어 위에 표시하였다.
　분해에서 문장의 주요소는 단어 아래 기록하고, 수식어는 단어 위에 기록한다.

※ 도해에서 '항상'(always)은 동사 '걷다'(walk) 밑에 위치한다.
　도해에서 문장의 주요소는 수평선 위에 기록하고 수식어는 수식하는 단어 밑에 기록한다.

☑ 익힘문제 2 (해답 24쪽)

❓ 아래 1형식구문의 국문과 영문을 분해하시오.

나는 날마다 일한다.　/　I work everyday.

2형식 구문 (주어+동사+보어)

2형식구문은 주어+동사+보어로 구성된다. 보어란 주어의 신분이나 상태를 나타내기 위해 보조적으로 사용되는 말을 가리킨다.

2형식구문에서 동사는 자체의 의미보다는 주어와 보어를 연결하는 기능을 가지며 대부분 be동사로 연결된다.

- 보어가 명사인 2형식구문

나는 학생이다.
주　　보(명)　be동

I am a student.
주 be동   보(명)

I | am \ student
           a

※ '보'는 보어의 준말이다. 도해에서 보어는 사선(\)으로 구별한다.
※ 위 영문에서 동사 am은 주어 I와 보어 student를 연결하는 말로서 자체적인 의미는 없다. 이처럼 아무 의미 없이 주어와 보어를 연결해주는 동사를 가리켜 be동사라고 한다.

■ 보어가 형용사인 2형식구문

2형식구문의 보어는 '명사, 대명사, 형용사'가 될 수 있다. 위 예문에서는 명사가 보어가 되는 예를 살펴보았다. 다음에는 형용사가 보어가 되는 예를 살펴보자. 일반적으로 2형식구문의 보어는 명사보다는 '형용사'가 더 많이 온다는 사실을 기억하자.

(예1) 그녀는 행복하다.
       주   보(형) be동

She is happy.
주 be동 보(형)

(예2) 그녀는 매우 행복하다.
       주   부 보(형) be동

She is very happy.
주 be동 부 보(형)

She | is \ happy
           very

※ 매우(very)는 행복한(happy)을 꾸며주는 부사이다.

우리말에서는 일반적으로 '~이다' 또는 '~하다'로 끝나는 말은 2형식구문으로 보면 되고, 영어에서는 일반적으로 be동사가 오는 말은 2형식구문으로 보면 된다.

그러나 영어에서는 be동사가 '있다' 또는 '존재한다'라는 의미의 일반동사로 쓰일 때도 있으므로 주의해야 한다.

☞ be동사가 일반동사로 쓰이는 예

그는 집에 있다.
　주　　　　동

He is home.
　주　동

He	is
	home

※ 만일 위 문장이 2형식구문이라면 도해가 아래와 같이 되며 "그는 집이다"라는 틀린 의미가 된다.

He | is \ home   (X)

- be동사가 아닌 연결 동사로 연결되는 2형식구문

2형식구문의 주어와 보어는 be동사로 연결되는 경우가 많지만 be동사가 아닌 일반동사로 연결되는 경우도 있다. 주어와 보어를 연결하는 일반동사를 가리켜서 연결동사라고 부른다.

(예1) I am happy. (나는 행복하다.)
　　　주 be동사　보(형)

(예2) I feel happy. (나는 행복하게 느낀다.)
　　　주 연결동사　보(형)

(예3) I became happy. (나는 행복하게 되었다.)
　　　주　연결동사　　보(형)

(예4) She seems happy. (그녀는 행복해 보인다.)
　　　주　연결동사　　보(형)

I | feel \ happy

위 예문에서 (예1)은 be동사로 된 2형식구문이며, (예2-4)는 연결동사로 된 2형식구문이다. 위 예문에서 보듯이 (예1)과 (예2-4)는 의미상으로 큰 차이가 없으며 (예1)의 상태를 좀더 섬세하게 표현한 것이 (예2-4)라고 보면 된다.

☞ 연결동사란?

연결동사는 동사 자체의 의미를 가지고 있지만 그 의미를 나타내는 것보다 주어와 보어를 연결하는 기능이 더 강하다. 위 (예2)에서 동사 feel은 "느낀다"라는 의미를 가지고 있지만, 그 의미보다는 I와 happy를 연결시키는 연결동사의 기능이 더 중요하다.

I feel happy는 "I am happy, and I feel."의 의미이다. 이 문장을 I feel happily로 쓰면 틀린다. 그 이유는 feel은 연결동사이기 때문이다.

그러나 I live happily.(나는 행복하게 산다)는 맞는 문장이다. 왜냐하면 live는 연결동사가 아니기 때문이다.

(예) I live happily. (1형식) ⟷ I feel happy. (2형식)
　　　주 동　　　부　　　　　　주 동　보

I | live
　| happily

I | feel \ happy

☞ 영어에서 2형식구문을 쉽게 구별하는 방법

1. 주어와 형용사(또는 명사)가 be동사로 연결되는가?

   (예) I am a student.와 He is happy.에서 am과 is는 be동사이다.

2. 주어의 형용사(또는 명사)가 연결동사로 연결되는가?

   (예) I feel happy.와 I became a doctor.에서 feel과 became은 연결동사이다.

3. 동사 다음에 오는 형용사 또는 명사가 주어의 신분이나 상태를 나타내는가?

   (예) I feel happy.에서 happy는 주어의 상태를 나타내고
   　　　I became a doctor에서 a doctor은 주어의 신분을 나타낸다.

4. 연결동사의 경우 주어와 보어를 be동사로 연결해도 뜻이 어색하지 않은가?

   (예) I feel happy. ⟶ I am happy. *나는 행복하다(뜻이 어색하지 않음)

주로 쓰이는 10개의 연결동사

feel (느끼다), look (보이다), smell (냄새나다), turn (변하다), sound (소리나다)
taste (맛이나다), keep (유지하다), seem (보이다), become (되다), grow (자라다)

☙ 연결동사로 된 2형식 구문의 예문 (예문을 통째로 외우면 좋다 ^^)

- I feel cold. (나는 춥다.)
- She looks cold. (그녀는 추워 보인다.)
- The soup smells good. (그 스프는 냄새가 좋다.)
- His voice sounds funny. (그의 목소리는 이상하다.)
- Sugar tastes sweet. (설탕은 맛이 달다.)
- She keeps silent. (그녀는 조용히 있다.)
- She seems ill. (그녀는 아파 보인다.)
- His eyes became very big. (그의 눈이 매우 커졌다.)
- He turned pale at the news. (그는 그 소식에 창백해졌다.)
- The weather grows warm. (날씨가 따뜻해진다)

☑ 익힘문제3 (해답 27쪽)

❓ 아래 영문을 분해하고 몇 형식 구문인지를 밝힌 후 해석하시오.

- He is a lawyer.
- She looks kind.
- She tells kindly.

☺ 해답(익힘문제2)

나는 날마다 일한다. / I work everyday.
  주   동   주 동

📖 3형식 구문 (주어+동사+목적어)

3형식 구문은 '주어+동사+목적어'로 구성된다.
우리말에서는 명사나 대명사 뒤에 을이나 를이 오는 말이 목적어이다.

(예1) 선생님은 우리를 사랑하신다.
　　　　주　　　목　　　동

　　　The teacher loves us.
　　　　　주　　　　동　　목

3형식구문에서는 부사의 사용으로 인해 문장이 길어질 수도 있다.

(예2) 선생님은 우리를 많이 사랑하신다.
　　　　주　　　목　　부　　동

　　　The teacher loves us much.
　　　　　주　　　　동　　목　부

(예3) 선생님은 우리를 항상 많이 사랑하신다.
　　　　주　　　목　　부　　부　　동

　　　The teacher always loves us much.
　　　　　주　　　　　　　동　목　부

teacher	loves	us
the	always/much	

　영어에서 형용사는 특별한 경우를 제외하고는 수식하는 명사 앞에 오며, 부사는 수식하는 단어(동사, 형용사, 부사)의 앞에 위치하는 것이 일반적이다. 그러나 위 문장의 much처럼 강조의 의미로 쓰이는 부사는 문장의 끝에 오기도 하며, 아래 문장처럼 부사가 문장 전체를 수식할 때는 문장의 앞에 오기도 한다.

(예) Amazingly, she loves him.

(놀랍게도 그녀는 그를 사랑한다.)

- **복합동사의 형태를 띠는 3형식구문**

3형식구문에서 동사+전치사 또는 동사+목적어+전치사가 합쳐서 동사의 역할을 하는 경우가 있다. 이처럼 2개 이상의 단어가 모여서 동사의 의미를 갖는 것을 복합동사라고 부른다.

'우리말의 '비웃다'라는 말이 비라는 단어와 웃다라는 동사가 복합되어 만들어진 것처럼 영어의 laugh at (비웃다)도 동사 laugh (웃다)와 전치사 at을 붙여서 만든 복합동사이다.

(예1) 그는 행복하게 웃는다.
　　　주　　　　　　부　동

　　　He laughs happily. (1형식구문)
　　　주　　동　　　부

(예2) 그는 나를 비웃었다.
　　　주　목　동

　　　He laughed at me. (3형식구문)
　　　주　복동　　목

| He | laughed at | me |

※ (예2)의 영문에서 laugh at은 복합동사이므로 주어+동사+목적어의 3형식구문이 된다.

(예3) He always finds fault with me.
　　　주　　부　　　복동　　　목

(그는 항상 나를 비난한다.)

※ 위 문장에서 find fault with(비난하다)는 동사+목적어+전치사의 형태를 가진 복합동사이다.

☞ 자주 쓰이는 복합동사 12 (꼭 외우세요 ^^)

arrive at (도착하다), ask for (요청하다), care for (돌보다)
do without (~없이 지내다), look at (쳐다보다), look for (찾다)
look into (조사하다), look like (닮다), wait for (기다리다)
run over (차로 치다), take care of (돌보다), make fun of (놀리다)

☑ 익힘문제4 (해답 28쪽)

② 아래 국문과 영문을 분해하시오.

· 나는 날마다 성경을 읽는다. / I read the Bible everyday.

· 고양이가 나를 쳐다보았다. / A cat looked at me.

· 그는 그의 아버지를 닮았다. / He looks like his father.

☺ 해답 (익힘문제3)

· He is a lawyer. (2형식) 그는 변호사이다.
  주 be동 보(명)

· She looks kind. (2형식) 그녀는 친절해 보인다.
  주   동   보(형)

· She tells kindly. (1형식) 그녀는 친절하게 말한다.
  주   동   부

📖 4형식 구문 (주어+동사+간접목적어+직접목적어)

4형식구문은 주어와 동사 다음에 2개의 목적어(간접목적어와 직접목적어)가 오는 구문의 형태로서 주어+동사+간접목적어+직접목적어 의 형태를 띤다.

나는 그에게 책을 주었다.
　주　　간목　직목　동

I gave him a book.
주 동　간목　직목

I	gave	him	book
			a

☑ 익힘문제 5 (해답 30쪽)

❓ 국문과 영문을 분해하시오.

· 어머니는 날마다 내게 책을 읽어주신다.

　My mother reads me a book everyday.

· 아버지는 내게 약간의 돈을 주셨다.

　My father gave me some money.

😊 해답 (익힘문제4)

· 나는 날마다 성경을 읽는다.　/　I read the Bible everyday.
　주　　부　　　목　동　　　　　주 동　　목　　　부

· 고양이가 나를 쳐다보았다.　/　A cat looked at me.
　주　　목　동(복동)　　　　　주　동(복동)　목

· 그는 그의 아버지를 닮았다.　/　He looks like his father.
　주　　목　　　동(복동)　　　주　동(복동)　　목

📖 5형식 구문 (주어+동사+목적어+목적보어)

5형식구문은 주어+동사+목적어+목적보어가 오는 구문의 형태이다. 목적보어는 목적어의 신분이나 상태를 나타내는 역할을 한다. 목적보어가 될 수 있는 품사는 명사, 대명사 또는 형용사이다. 아래 예문을 살펴보면 목적보어를 쉽게 이해할 수 있다.

(예1) 나는 그를 좋은 선생님이라고 생각한다.
　　　 주　목　　목보　　　　동

I think him a good teacher.
주　동　목　　목보

```
  I │ think │ him \ teacher
    │       │     a/good
```

※ 목적보어 a good teacher는 목적어 him의 신분을 나타낸다. (him = a good teacher)

(예2) 그녀는 나를 행복하게 만들었다.
　　　 주　목　목보　　동

She made me happy.
주　동　목　목보

```
  She │ made │ me \ happy
```

※ 목적보어 happy는 목적어 me의 상태를 나타낸다. (me = happy)

☞ **5형식구문의 목적보어를 구별하는 방법**

5형식구문을 쉽게 구별하는 방법은 목적어를 주어로 바꾼 후 그 다음에 오는 단어를 be동사로 연결해보면 된다. 예를 들면, (예1)은 him을 he로 바꾸면 he is a good teacher가 되므로 목적보어가 맞고, (예2)는 me를 I로 바꾸고 I am happy가 되므로 목적보어가 맞다.

☑ 익힘문제 6 (해답 30쪽)

　❓ 국문과 영문을 분해하시오.

　그는 나를 지도자로 임명하였다. / He appointed me the leader.

　나는 그녀가 친절하다고 생각한다. / I think her kind.

☺ 해답 (익힘문제 5)

어머니는 날마다 내게 책을 읽어주신다. / My mother reads me a book everyday.
　주　　　　　　간목　직목　동　　　　　주　　　동　　간목　직목　　부

아버지는 내게 약간의 돈을 주셨다. / My father gave me some money.
　주　　　간목　　직목　　동　　　　　주　　동　　간목　　직목

☺ 해답 (익힘문제 6)

그는 나를 지도자로 임명하였다. / He appointed me the leader.
　주　목　　목보　　동　　　　　주　　동　　목　　목보

나는 그녀가 친절하다고 생각한다. / I think her kind.
　주　목　　목보　　동　　　　　주　동　목　목보

✎ 연습문제 2 (해답 162쪽)

A. 다음 문장을 분해와 도해를 한 후, 몇 형식구문인지를 밝히고 해석하시오.

　(예) She is sick today.
　　　　주　동　보　　부

　　　　She | is \ sick　　(2형식) 그녀는 오늘 아프다.
　　　　　　 | today

1. I always exercise.   *always: 항상, exercise: 운동하다

2. I study English everyday.   *study: 공부하다, English: 영어, everyday: 매일

3. This flower smells good.   *flower: 꽃, smell: 냄새난다

4. She made her daughter an apple pie.   *apple pie: 사과파이, daughter: 딸

5. The dog runs fast.   *dog: 개, run: 달린다, fast: 빨리

6. They named their baby John.   *name: 이름짓다, baby: 아기

7. This sofa is soft.   *sofa: 쏘파, soft: 부드러운

8. Show me your picture.   *Show: 보이다, picture: 사진, 그림

9. He set the bird free.   *set: 두다, ...하게 하다, bird: 새, free: 자유로운

10. Everybody looked at him.   *Everybody: 모든 사람, look at: 쳐다보다

B. 다음을 국문을 영문으로 바꾸고 분해한 후 몇 형식인지를 밝히시오.

(예) 나는 매일 TV를 본다.

I watch the TV everyday. (3형식)

1. 나는 어제 열심히 일했다.   *일했다: worked, 열심히: hard

2. 그는 우리 삼촌을 닮았다.   *닮았다: look like, 삼촌: uncle

3. 나는 그에게 책을 돌려주었다.   *돌려주었다: returned, (그) 책: the book
   주   간목   직목   동

4. 그녀는 밝은 웃음을 웃는다.   *밝은 웃음: bright smile, 웃는다: smile
   주   목   동

5. 당신은 용감한 군인이다.   *용감한: brave, 군인: soldier
   주   보   동

6. 나는 그가 의사라고 생각한다.   *의사: a doctor, 생각한다: think
   주   목   목보   동

7. 그는 건강해 보인다.   *보인다: look, 건강한: healthy
   주   보   동

8. 그는 벽을 하얗게 칠했다.   *(그) 벽: the wall, 하얀: white, 칠했다: painted
   주   목   목보   동

9. 나는 매일 테니스를 친다.   *테니스: tennis, 치다: play
   주   부   목   동

10. 우리 어머니는 내게 비전을 주었다.   *비전: a vision, 주었다: gave
    주   간목   직목   동

기본 5형식 구문 | 33

3 전치사구문

> 전치사구는 전치사와 명사가 결합하여 부사나 형용사의 역할을 하는 것을 말한다.
>
> 전치사구문의 원리
> 기본5형식구문 + 전치사구(전치사 + 명사 또는 대명사)

📖 분해와 도해로 전치사구 이해

① 동사를 수식 (부사 역할)

나는 학교에 간다. → I go to school.

```
  I  |  go
       /to school
```

※ 전치사와 명사가 결합한 것을 가리켜 '전치사구'라고 부른다.
※ 우리말에서는 학교(명사) + 에(조사)가 결합하여 전치사구가 되어, 동사 "간다"를 꾸미는 부사 역할을 한다.
※ 영어에서는 to(전치사) + school(명사)가 결합하여 전치사구가 되어, 동사 go를 꾸미는 부사 역할을 한다.

② 명사를 수식 (형용사 역할)

그는 이 학교의 학생이다. → He is the student of this school.

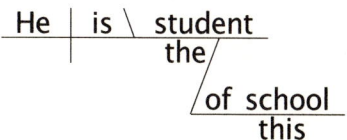

※ 우리말에서는 학교(명사)+의(조사)가 결합하여 전치사구가 되어, 명사 '학생'을 꾸미는 형용사 역할을 한다.

※ 영어에서는 of(전치사)+school(명사)이 결합하여 전치사구가 되어, 명사 student를 꾸미는 형용사 역할을 한다.

☞ 전치사구는 동사를 수식할 때에는 문장의 뒤에 오며, 명사를 수식할 때는 수식하는 명사의 뒤에 오는게 원칙이지만, 부사의 역할을 하는 전치사구가 강조될 때에는 문장의 앞에 올 수 도 있다.

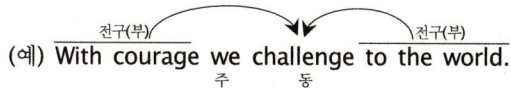

(용기를 가지고 우리는 세상에 도전한다.)

☑ 익힘문제 7 (해답 39쪽)

② 다음 우리말을 분해하고 영문을 분해와 도해를 하시오.

그들은 이 집에 산다. / They live in this house.

그녀는 우리 학교의 선생님이다. / She is a teacher of my school.

📖 전치사의 유형

- 시간을 나타내는 전치사

시간 / 날짜

```
at [앧] - 정확한 시간 앞에
on [온] - 정확한 요일이나 날짜 앞에
in [인] - 정확하지 않은 시간이나 때 앞에
```

(예1) 나는 일요일 11시에 교회를 간다.

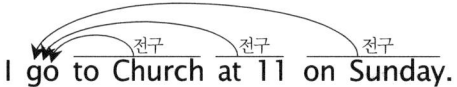

I go to Church at 11 on Sunday.

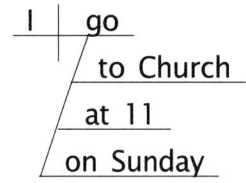

※ 11시는 정확한 시간이므로 at을 썼고, 일요일은 정확한 요일이므로 on을 썼다.
※ 3가지 전치사구가 쓰인 순서가 우리말과 영어가 서로 반대임을 유념하라.

(예2) 크리스마스는 12월 25일이다

Christmas is on December 25.

※ (예2)에서 12월 25일은 정확한 날짜이므로 on을 썼다.

(예3) 나는 1990년에 태어났다.

I was born in 1990.

※ 1990년은 불분명한 날짜이므로 전치사 in을 썼다.

기간 / 기한

> ~까지 : by, until
> ~이내에 : within
> ~전에 : before
> ~후에 : after
> ~동안 : for, during

(예1) 나는 매일 7시까지 영어를 공부한다.

I study English by 7 everyday.
주 동   목   전구   부

I study English until 7 everyday.
주 동   목   전구   부

```
  I | study | English
        \everyday
         \until 7
```

(예2) 나는 일주일 이내에 돌아왔다.

I returned within a week.
주   동   전구

(예3) 나는 일주일 전에 돌아왔다

I returned before a week.
주   동   전구

(예4) 나는 일주일 후에 돌아왔다.

I returned after a week.
주   동   전구

(예5) 나는 1시간 동안 영어를 공부했다.

I studied English for one hour.
주 동   목   전구

(예6) 나는 지난 여름동안 영어를 공부했다.

I studied English during the last summer.
주 동   목   전구

※ for와 during은 모두 '~동안'이라는 의미를 갖는 전치사이지만, for가 숫자로 나타내는 시간이나 일자 앞에 오며, during은 때를 나타내는 명사 앞에 온다는 점이 다르다.

☑ 익힘문제 8 (해답 44쪽)

❓ 다음 ( ) 안에 적당한 전치사를 넣으시오.

1. 나는 1990년 3월 1일 오후 7시에 태어났다.

   I was born (   ) 7pm (   ) march 1, 1990.

2. 나는 여름방학 동안에 영어를 공부했다.

   I studied English (   ) the summer vacation.

☺ 해답 (익힘문제 7)

그들은 이 집에 산다. / They live in this house. (1형식)

```
  They  |  live
        \
         \in house
              this
```

그녀는 우리 학교의 선생님이다. / She is a teacher of my school.

```
  She  |  is  \  teacher
                   a
                \
                 \of my school
```

■ 장소를 나타내는 전치사

넓은 장소 / 좁은 장소

> 넓은 장소 : in
> 좁은 장소 : at

(예) 나는 서울 성북동에 산다. / I live at Sungbukdong in Seoul.

```
  I  |  live
        \
         \at Sungbukdong
         \in Seoul
```

※ 성북동은 좁은 장소이므로 전치사 at이 쓰였고, 서울은 넓은 장소이므로 전치사 in이 쓰였다.

위 / 아래

> 위 : on, over
> 아래 : beneath, under

① on은 표면에 붙어 있는 위, over는 공중에 위치하는 위를 말한다.

(예1) 나는 책상 위에 책을 놓았다.

I put the book on the desk.
  주 동   목   전구

```
 I | put | book
         |  the
      /on desk
          the
```

(예2) 등불이 책상 위에 달려있다.

A lamp hangs over the desk.
  주   동   전구

② beneath는 표면에 붙어 있는 아래, under는 공간적인 아래를 말한다.

(예1) 우리는 책 밑에서 연필을 발견하였다.

We found the pencil beneath the book.
 주   동   목   전구

(예2) 그 고양이는 책상 아래 있다.

The cat is under the desk.
　주　 동　　전구(부)

앞 / 뒤 / 옆 / 둘레 / 사이

> 앞 : in front of, before
> 뒤 : after, behind
> 둘레, 주변 : around, round
> 사이에 : between, among
> 곁에 : by, beside

① in front of와 before는 장소적인 '앞'을 나타내는 전치사인데, in front of가 더 많이 사용된다.

(예) 그는 내 앞에 앉았다.

He sat before me.
주　동　전구(부)

He sat in front of me.
주　동　　전구(부)

```
He | sat
       \in front of me
```

※ in front of 는 세 단어가 모여서 된 복합전치사이다.

② after가 순서적인 뒤를 말한다면 behind는 장소적인 뒤를 말한다.

(예1) 교회 뒤에 큰 나무가 있다.

There is a big tree behind the church.
(허사)(동) (주)   (전구)

※ there의 품사는 부사이지만 해석상으로는 아무 의미가 없는 허사이다.

(예2) 내 뒤를 따라 오시오.

Come after me.
(동)   (전구)

③ around는 정지상태의 둘레를 나타내고, round는 운동상태의 둘레를 나타내는 데 쓰인다.
(그러나 오늘날 영어에서는 거의 같은 의미로 쓰이므로 굳이 구별하여 쓸 필요가 없다.)

(예1) 어린이들은 선생님 주위에 앉았다.

The Children sat around their teacher.
(주)   (동)   (전구(부))

※ 위 문장은 The Children sat round their teacher.로 써도 된다.

(예2) 그녀는 거리 주변을 걸어다녔다.

She walked around the street.
(주) (동)   (전구(부))

※ 위 문장은 She walked round the street.로 바꿀 수 있다.

④ between은 둘 사이를 나타내고, among은 셋 이상 사이를 나타내는데 쓰인다.

(예1) 그는 두 사람 사이에 서있다.
　　　주　　　　　전구　　　　동

He stands between two persons.
　주　　동　　　전구

(예2) 그는 많은 사람들 사이에 서있다
　　　주　　　　전구　　　　　동

He stands among many people.
　주　　동　　　전구(부)

⑤ by 와 beside는 ~곁에라는 의미를 가진 전치사이다.

(예) 그녀는 내 곁에 앉아있다.
　　 주　　전구　　동

She sits by me.
　주　 동　전구

She sits beside me.
　주　 동　 전구

☑ 익힘문제 9 (해답 45쪽)

❓ 다음 ( ) 안에 적당한 전치사를 넣으시오.

　1. 우리는 나무 아래에 앉아있다. / We sit (　　　　) the tree.
　2. 우리는 나무 주위에 앉아있다. / We sit (　　　　) the tree.
　3. 우리는 나무들 사이에 앉아있다. / We sit (　　　　) the trees.

전치사 구문 | 43

```
☺ 해답(익힘문제 8)

  1. at, on    2. during
```

■ 방향을 나타내는 전치사

도착 / 출발

```
~에 : to
~쪽으로 : toward
~로부터 : from
```

(예1) 나는 학교에 간다.

I go to school.

(예2) 나는 마을쪽으로 걸어갔다.

I walked toward the town.

※ to는 분명한 목적지를 나타내는 전치사이며, toward는 분명치 않은 목적지를 나타내는 전치사이다.

(예3) 그 기차는 서울에서 출발한다.

The train starts from Seoul.

☑ 익힘문제 10 (해답 47쪽)

❓ 다음 ( ) 안에 적당한 전치사를 넣으시오.

1. 나는 일요일에 교회를 간다. / I go (   ) Church on Sunday.
2. 나는 숲을 향해 걸었다. / I walked (   ) the wood.
3. 그는 일본에서 왔다. / He comes (   ) Japan.

☺ 해답(익힘문제 9)

1. under   2. around 또는 round   3. among

운동방향

위로 : up,   아래로 : down

~안으로 : into,   ~밖으로 : out of

~을 통하여 : through

(예1) 나는 나무 위로 올라갔다.

I climbed up the tree.
 주   동   전구

```
    I  |  climbed
           \
            \ up  tree
                  the
```

(예2) 나는 나무 밑으로 뛰어내렸다.

I jumped down the tree.
주 동   └─전구─┘

(예3) 나는 집 안으로 들어왔다.

I came into the house.
주 동 └─전구─┘

(예4) 나는 집 밖으로 나왔다.

I went out of the house.
주 동 └─전구─┘

```
    I | went
      |  \
      |   \ out of house
      |        the
```

※ out of는 두 개의 단어가 모여서 된 복합전치사이다.

(예5) 나는 숲을 통하여 걸었다.

I walked through a wood.
주 동   └──전구──┘

☑ 익힘문제11 (해답 47쪽)

❓ 다음 ( ) 안에 적당한 전치사를 넣으시오.

1. 나는 교실 안으로 들어갔다. / I went (   ) the class room.
2. 그는 교실 밖으로 나갔다. / He went (   ) the class room.
3. 나는 고속도로를 통하여 차를 달렸다. / I drove (   ) the highway.

```
☺ 해답(익힘문제 10)
   1. to    2. toward    3. from

☺ 해답(익힘문제 11)
   1. into   2. out of    3. through
```

- 원인이나 이유를 나타내는 전치사

```
~때문에 : for,  because of
```

(예) 나는 감기 때문에 학교에 결석했다.

· I absented myself from school for a cold.

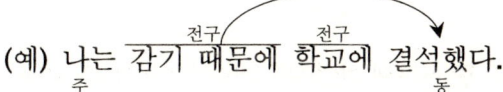

· I absented myself from school because of a cold.

- 도구나 방법을 나타내는 전치사

```
~를 가지고 : with
~에 의해, ~로 : by
```

(예1) 그는 사랑을 가지고 가난한 사람을 돕는다.
　　　　주　　　　전구　　　　목　　　　동

He helps poor people with love.
　주　동　　목　　　전구

(예2) 그 집은 화재에 의해 부서졌다.
　　　주　　전구　　　　동

The house was destroyed by the fire.
　　주　　　　동　　　　전구

(예3) 나는 버스로 학교에 간다.
　　　주　전구　전구　동

I go to school by bus.
주 동　전구　　전구

※ 걸어서라는 말은 on foot을 쓴다: I go to school on foot. (나는 걸어서 학교에 간다)

✎ 연습문제 3 (해답 163쪽)

다음 국문을 영문으로 바꾸고 분해한 후 몇 형식인지를 밝히시오.

(예) 나는 그녀와 함께 바닷가에 갔다.
　　　주　　전구　　　　전구　　동

I went to the beach with her. (2형식)
주　동　　　전구　　　　전구

1. 구름이 산 위에 있다.   *구름: cloud, 산: mountain
   주   전구   동

2. 그녀는 문 옆에 서있다.   *서있다: stand
   주   전구   동

3. 나는 7월에 돌아 올거다.   *돌아올거다: will come back, 7월: July
   주   전구 부   동

4. 나는 오늘밤 9시까지 공부할거다.   *공부할거다: will study, 오늘밤: tonight
   주   부   전구   동

5. 그는 4년동안 런던에서 영어를 공부했다.   *4년: 4 years, 런던: London
   주   전구   전구   목   동

6. 사내아이들이 운동장 주위를 뛰어다녔다.   *사내아이들: boys, 뛰어다녔다: ran, 운동장: playground
   주   전구   동

7. 책상 위에 책은 내 것이다.   *책상: desk, 책: book, 내 것: mine
   전구 주 보 be동

전치사 구문 | 49

8. 나는 숲 속으로 갔다.　　*숲: wood
　　주　　　　　동

9. 성공은 노력 뒤에 온다.　　*성공: success,　노력: effort
　　주　　　　　동

10. 우리는 우리 선생님께 감사를 했다.　*선생님: teacher, 감사했다: gave thanks
　　주　　　　　　목　　동

4 관사

> 영어에서는 모든 명사 앞에 관사를 붙이는 것이 원칙이다.
> 명사에 따라 정관사(the)나 부정관사(a/an)를 붙이며, 경우에 따라서는 관사를 붙이지 않을 때도 있다.
>
> 관사의 원리
> - 부정관사(a/an): 셀 수 있는 명사 앞에 붙인다.
> - 정관사(the): 특별히 정해진 명사 앞에 붙인다.
> - 무관사(관사없음): 셀 수도 없으며, 특별히 정해지지 않은 명사 앞에 붙인다.

📖 부정관사의 용법

부정관사는 자음으로 시작되는 명사 앞에는 a를 쓰며, 모음으로 시작되는 명사 앞에는 an을 쓴다. 예를 들면 a boy이고, an apple 이다.

부정관사는 하나, 한 종류, 조금의 의미로 사용된다.

① 하나의 의미

　　그는 학생이다. / He is a student.

　　※ 많은 학생 중 한 명의 의미로 쓰였으므로 부정관사 a를 썼다.

② 하나의 종류(부류)의 의미 (종족을 대표하는 명사 앞에)

　　(예1) 학생은 열심히 공부해야 한다.

　　　　A student have to study hard.

　　※ 여기서 a student은 학생이라는 하나의 부류를 의미한다.

(예2) 개는 친근한 동물이다.

A dog is a friendly animal.

※ 여기서 a dog은 개라는 동물의 종류 중 하나를 의미한다.

③ 조금의 의미

잠깐만 기다려라.

Wait a minute.

📖 정관사의 용법

정관사는 이미 정해져 있거나, 알고 있는 명사를 언급할 때 쓰이며, 우리말에서는 '그'라는 말로 번역된다. 또는 세상에서 한 개 밖에 없거나, 몇 개 없어서 사람들이 특별히 귀하게 여기는 것에도 정관사를 사용한다.

① 앞에 이미 정해진 명사 앞에

나는 한 소녀를 만났다. 그 소녀는 학생이다.

I met a girl. The girl is a student.

② 처음 나오지만, 대화하는 사람이 이미 알고 있는 명사 앞에

나는 그 소녀를 만났다.

I met the girl.

③ 수식어가 동반되는 명사 앞에

그는 축제의 날을 기억한다.

He remembers the day of festival.

④ 세상에서 단 하나 밖에 없는(또는 몇 안 되는) 특별한 명사 앞에

· 해는 달보다 훨씬 더 크다.

   The sun is much bigger than the moon.

· 나는 매일 성경을 읽는다.

   I read the Bible everyday.

   ※ Bible의 첫 글자를 대문자로 쓴 이유는 성경은 거룩한 책이기 때문이다.

· 알프스 산맥은 스위스에 있다.

   The Alps is in Swiss.

※ 산맥은 세상에서 몇 개 안 되는 귀한 것이기 때문에 the를 붙였다. 그러나 일반적인 산은 흔하기 때문에 정관사를 쓰지 않는다. (예) Mt. Everest(에레베스트산), Sulaksan(설악산).
※ 바다, 강, 운하는 한 나라 안에 몇 개 안 되는 귀한 것이기 때문에 정관사 the를 붙인다.
  (예) the Pacific Ocean(태평양), the Han River (한강), the Suez Canal (스에즈 운하)
※ 미국이라는 나라 이름을 말할 때 America 앞에는 관사가 붙지 않지만, United States of America 앞에는 정관사 the가 붙는다. 주가 연합하여 이룬 나라는 세계에서 몇 안 되는 특별한 것이기 때문이다.

⑤ 악기 앞에

그녀는 피아노를 친다.

She plays the piano.

※ 옛날에 악기는 귀한 것이기 때문에 the를 붙였다.

⑥ 형용사의 최상급이나 서수 앞에

· 그는 반에서 가장 큰 학생이다.

   He is the tallest student in his class.

・베드로는 예수의 첫 번째 제자이다.

Peter is the first disciple of Jesus.

※ 가장 큰 것이나 첫 번째 것은 귀한 것이므로 the를 붙였다.

📖 무관사의 용법

무관사는 명사 앞에 관사가 없는 것을 말한다.
무관사는 셀 수 없으며, 특별히 정해지지도 않은 명사에 쓰인다.

① 셀 수 없는 명사(추상명사) 앞에

사랑은 아름답다. / Love is beautiful.

② 고유명사 앞에

서울은 한국의 수도이다. / Seoul is the capital of Korea.

톰은 나의 친구이다. / Tom is my friend.

※ 고유명사 중에서 산맥, 운하, 해협, 바다, 강 이름 등에는 정관사를 붙인다.
(예) the Rockies(록키산맥), the Hankang(한강), the Pacific Ocean(태평양), the Suez canal(스에즈운하)

③ 일반명사가 추상적 의미로 쓰일 때

나는 학교에 간다. / I go to school.   *공부하러 간다는 의미

나는 교회에 간다 / I go to Church.   *예배드리러 간다는 의미

나는 잠자러 간다. / I go to bed.

※ 위 두 문장에서 school과 Church와 bed 앞에 정관사를 붙이면 의미가 달라진다.

・I go to the school. *학교 건물에 간다는 의미
・I go to the church. *교회 건물에 간다는 의미
・I go to the bed. *침대에 간다는 의미

④ 잘 걸리지 않는 병명 앞에

암과 같이 잘 걸리지 않는 병명 앞에는 관사를 붙이지 않는다. 그러나 감기와 같이 일 년에 몇 번씩 걸릴 수 있는 병명 앞에는 부정관사(a)를 붙인다.

그는 암에 걸렸다. / He has cancer.

※ 자주 걸리는 병명 앞에는 부정관사를 붙인다.
- have a cold (감기에 걸리다), have a headache (머리가 아프다)
- have a fever (열이 있다), have a stomachache (배가 아프다)

⑤ 계절이름, 운동경기 이름, 식사 이름 앞에

겨울은 춥다. / Winter is cold.

우리는 축구를 했다. / We played football.

나는 저녁식사 후에 교회에 갔다.
I went to church after dinner.

⑥ 교통수단을 나타내는 명사 앞에

발(foot)이나 버스(bus)가 보통명사로 쓰일 때에는 관사를 붙이지만, 교통수단으로 쓰일 때에는 추상명사의 의미로 쓰이므로 관사를 붙이지 않는다.

나는 걸어서 학교에 간다. / I go to school on foot.
나는 버스로 학교에 간다. / I go to school by bus.

연습문제 4 (해답 163쪽)

다음 영문의 ( ) 안에 적당한 관사를 넣으시오.

1. 한국은 한강의 기적을 만들었다.
   Korea made ( ) miracle of ( ) Han River.

2. 사랑은 세상에서 가장 아름다운 것이다.
   ( ) Love is the most beautiful thing.

3. 우리는 야구를 했다.
   We played ( ) baseball.

4. 나는 봄을 좋아한다.
   I like ( ) spring.

5. 그녀는 기타를 연주한다.
   She plays ( ) guitar.

6. 나는 한 달에 한권씩 책을 읽는다.
   I read ( ) book ( ) month.

7. 우리는 회의 후에 점심을 먹었다.
   We had ( ) lunch after ( ) meeting.

8. 나는 사과를 좋아한다.
   I like ( ) apple.

9. 그는 그 고등학교의 첫 번째 교장이다.
   He is ( ) first principal of ( ) highschool.

10. 나는 기차로 학교에 간다.
    I go to ( ) school by ( ) train.

II

동사를 알면 영어가 보인다

동사의 시제

의문문, 부정문

수동태

조동사

5 동사의 시제

> 동사는 영어에서 가장 중요한 품사이므로 영어를 잘 하려면 동사를 잘 알아야 한다. 동사 중에서도 시제가 가장 중요하다.
> 영어의 시제에는 기본시제(현재, 과거, 미래)와 진행시제(현재진행, 과거진행, 미래진행)와 완료시제(현재완료, 과거완료, 미래완료)가 있다.

📖 기본시제 (현재시제 / 과거시제 / 미래시제)

▪ 현재시제 (동사원형 또는 동사원형+s)

현재시제는 현재 일어난 행동이나 사실들을 말할 때 쓴다.
현재시제는 동사원형을 쓰지만, 주어가 3인칭 단수일 때는 동사원형에 s를 붙인다.

나는 그녀를 사랑한다. → I love her.
너는 그녀를 사랑한다. → You love her.
그는 그녀를 사랑한다. → He loves her.
우리는 그녀를 사랑한다. → We love her.

▪ 과거시제 (동사+ed 또는 불규칙과거동사)

과거시제는 과거에 일어났던 행동이나 사실을 말할 때 쓰인다.
과거시제는 동사의 원형에 ed를 붙이면 된다.

나는 꿈을 꾸었다. → I dreamed a dream.

그러나 동사에는 시제가 불규칙하게 변하는 것이 있으므로 주의해야 한다.

☞ **동사 시제의 불규칙 변화 55**

영어의 동사에는 과거형과 과거분사형이 불규칙하게 변하는 경우가 있다.(*꼭 외우세요)
과거분사는 완료시제나 수동태구문을 만들 때 사용됨으로 과거시제와 함께 외워두면 좋다.

현재시제	과거시제	과거분사
begin [비긴´] 시작하다	began [비갠´]	begun [비건´]
bind [바인드] 묶다	bound [바운드]	bound [바운드]
blow [블로우] 불다	blew [블루-]	blown [블로운]
break [브뤠이크] 깨뜨리다	broke [브뤄우크]	broken [브뤄'우컨]
build [비얼드] 세우다	built [비얼트]	built [비얼트]
buy [바이] 사다	bought [보오트]	bought [보오트]
catch [캣취] 잡다	caught [코-트]	caught [코-트]
choose [츠우즈] 선택하다	chose [초우즈]	chosen [초'우즌]
come [컴] 오다	came [케임]	come [컴]
do [두] 하다	did [디드]	done [던]
drink [드륑크] 마시다	drank [드뤵크]	drunk [드뤙크]
eat [잇트] 먹다	ate [에잇트]	eaten [이'튼]
feel [쀄얼] 느끼다	felt [쀄얼트]	felt [쀄얼트]
fight [빠잇트] 싸우다	fought [뽀엇트]	fought [뽀엇트]
find [빠인드] 발견하다	found [빠운드]	found [빠운드]
fly [쁠라이] 날다	flew [쁠르우]	fled [쁠레드]
forget [뽀겔´] 잊다	forgot [뽀갇´]	forgotten [뽀가'튼]
forgive [뽀기´브] 용서하다	forgave [뽀게´이브]	forgiven [뽀기´븐]
get [겔] 얻다	got [같]	gotten [가튼]
give [기브] 주다	gave [게이브]	given [기븐]
go [고우] 가다	went [웬트]	gone [고온]
grow [그뤄우] 자라다	grew [그르우]	grown [그뤄운]
have [해브] 가지고 있다	had [해드]	had [해드]
hit [힡] 치다, 때리다	hit [힡]	hit [힡]
hold [호울드] 붙들다	held [헤얼드]	held [헤얼드]

현재시제	과거시제	과거분사
know [노위] 알다	knew [뉴의]	known [노원]
lead [리드] 이끌다	led [레드]	led [레드]
leave [리이브] 남기고가다	left [레프트]	left [레프트]
lie [라이] 거짓말하다	lied [라이드]	lied [라이드]
lose [루으즈] 잃다	lost [뤄슷트]	lost [뤄슷트]
make [매이크] 만들다	made [매이드]	made [매이드]
meet [미잇트] 만나다	met [멧트]	met [멧트]
put [풋트] 놓다, 두다	put [풋트]	put [풋트]
read [뤼-드] 읽다	read [뤠드]	read [뤠드]
rise [롸이즈] 일어나다	rose [뤄우즈]	risen [뤼′젼]
run [뤈] 달리다	ran [뤤]	run [뤈]
see [씨-] 보다	saw [쏘-]	seen [씨인]
sell [쎄얼] 팔다	sold [쏘울드]	sold [쏘울드]
send [쎈드] 보내다	sent [쎈트]	sent [쎈트]
set [쎗] 두다, 배치하다	set [쎗]	set [쎗]
sit [씻] 앉다	sat [쎗]	sat [쎗]
sleep [슬리잎] 잠자다	slept [슬렙트]	slept [슬렙트]
speak [스피′익] 이야기하다	spoke [스포욱]	spoken [스포′우컨]
swim [스윔] 수영하다	swam [스웸]	swum [스웜]
take [테익크] 잡다	took [툭]	taken [테′이컨]
teach [티이취] 가르치다	taught [토옽]	taught [토옽]
tell [테얼] 말하다	told [토울드]	told [토울드]
think [씽크] 생각하다	thought [쏘엇트]	thought [쏘엇트]
throw [스로위] 던지다	threw [스루-]	thrown [스뤄운]
wake [웨익] 잠깨다	woke [워욱]	woken [워′우컨]
wear [웨어] 입다	wore [워어]	worn [워언]
weep [위잎] 슬퍼하다	wept [웹트]	wept [웹트]
win [윈] 이기다	won [원]	won [원]
wind [와인드] 감다	wound [와운드]	wound [와운드]
write [롸이트] 쓰다	wrote [뤄울]	written [뤼′튼]

■ 미래시제 (will+동사원형)

미래시제는 미래에 일어날 행동이나 사실들을 말할 때 쓰이며, 조동사 will에 동사원형을 붙여서 사용한다.

(예1) 나는 다시 시작할거다. → I will begin again.

(예2) 그는 내일 올거다. → He will come tomorrow.

☑ 익힘문제 12 (해답 63쪽)

❓ 다음 ( ) 안에 적당한 동사를 넣으시오.

1. 나는 매일 텔레비전을 본다. / I (　　　　) television everyday.

2. 나는 어제 텔레비전을 보았다. / I (　　　　) television yesterday.

3. 나는 내일 텔레비전을 볼 것이다. / I (　　　　) television tomorrow.

📖 **진행시제** (현재진행 / 과거진행 / 미래진행)

■ 현재진행 (be동사+동사ing)

현재진행시제는 현재 진행되고 있는 행동이나 사실들을 말할 때 쓰이며, be동사의 현재형에 동사ing를 붙여서 사용한다.

나는 가족을 위해 열심히 일하고 있다.

I am working hard for my family.

■ 과거진행 (be동사 과거형+동사ing)

과거진행시제는 과거에 진행되고 있었던 행동이나 사실들을 말할 때 쓰이며, be동사의 과거형에 동사ing를 붙여서 사용한다.

나는 가족을 위해 열심히 일하고 있었다.
주   전구   동

I was working hard for my family.
주 동(be동사의 과거+동사ing)   부   전구

■ 미래진행 (will be+동사ing)

미래진행시제는 미래에 진행되고 있을 행동이나 사실들을 말할 때 쓰이며 미래를 나타내는 조동사 will be에 동사ing를 붙여서 사용한다.

나는 가족을 위해 열심히 일하고 있을 것이다.
주   전구   동(미래진행시제)

I will be working hard for my family.
주   will be+동사ing   부   전구

☑ 익힘문제 13 (해답 65쪽)

❓ 다음 ( ) 안에 적당한 동사를 넣으시오.

1. 나는 지금 텔레비전을 보고 있다. / I (   ) television now.

2. 나는 그가 도착했을 때 텔레비전을 보고 있었다.
   I (   ) television when he arrived.

3. 나는 그가 도착할 때 텔레비전을 보고 있을 것이다.
   I (   ) television when he arrive.

☺ 해답(익힘문제 12)

1. watch   2. watched   3. will watch

📖 완료시제 (현재완료 / 과거완료 / 미래완료)

■ **현재완료** : have+과거분사(pp)

현재완료시제는 과거에 일어난 일로서 현재까지 지속되고 있거나 영향을 미치는 행동이나 사실을 말할 때 쓰이며, have동사에 과거분사(*과거분사를 보통 pp라고 부른다)를 붙여서 사용한다.

(예1) 나는 그 소설을 읽어왔다.
　　　주　　목　　　동

　　　I have read the novel.
　　　주 동(have+pp) 목

※ 위 문장은 과거의 어느 시점에서 소설을 읽기 시작하여 지금까지 읽고 있음을 보여준다.

(예2) 그는 이미 학교에 갔다.
　　　주　　부　전구　동

　　　He has already gone to school.
　　　주 동(has+pp) 부 전구

```
He | has gone
   |  already
   |        \ to school
```

※ 위 문장은 이미 과거의 어느 시점에 학교를 향해 출발했음을 보여준다.
※ 현재완료시제는 already나 yet 또는 just와 같은 부사와 함께 많이 사용된다.

■ 과거 완료 : had+과거분사(pp)

과거완료시제는 과거 이전에 일어났던 일이 과거의 어느 시점까지 지속되고 있거나 영향을 미치는 행동이나 사실을 말할 때 쓰이며, have동사의 과거형인 had에 과거분사(pp)를 붙여서 사용한다.

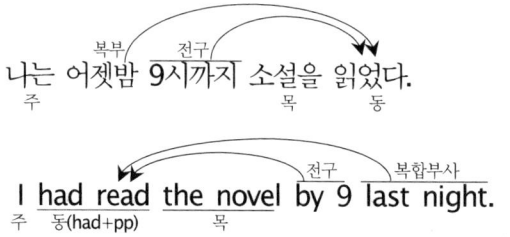

※ 위 문장은 어젯밤 9시 전의 어느 시점부터 소설을 읽기 시작하여 9시까지 읽었다는 의미이다.
※ last night은 last와 night이 합쳐서 된 복합부사로서 동사 read를 수식한다.

■ 미래 완료 : will have+과거분사(pp)

미래완료시제는 미래의 어떤 시점을 기준으로 그 이전부터 그 때까지의 행동이나 사실을 말할 때 쓰이며, 미래형 조동사 will과 have+pp를 붙여서 사용한다.

나는 오늘밤 9시까지 소설을 읽을 것이다.

I will have read the novel until nine tonight.

☑ 익힘문제 14 (해답 65쪽)

❓ 다음 ( ) 안에 적당한 동사를 넣으시오.

1. 나는 이미 텔레비전을 보았다. / I (　　　) already (　　　　) television.

2. 나는 그가 도착했을 때까지 텔레비전을 보고 있었다.
   I (　　　　　　　) television until he arrived.

3. 나는 그가 도착할 때 텔레비전을 보고 있을 것이다.
   I (　　　　　　　　) television until he arrives.

> ☺ 해답 (익힘문제 13)
>
>   1. am watching   2. was watching   3. will be watching
>
> ☺ 해답 (익힘문제 14)
>
>   1. have, watched   2. had watched   3. will have watched

✎ 연습문제 5 (해답 163쪽)

다음 국문을 시제에 맞추어 영문으로 바꾸고 분해하시오.

(예) 우리는 지금 당신을 기다리고 있다. (현재진행)
　　　주　　부　　목　　　동

　　　We are waiting for you now.
　　　주　동(be동사현재+동사ing)　목　부

1. 나는 매일 공부한다. (현재)　　*매일 : everyday
　　주　부　　동

2. 나는 어젯밤에 TV를 보았다. (과거)　　*보다: watch, 어젯밤에: last night
　　주　　부　　목　동

3. 나는 내일 소풍을 갈거다. (미래)　　*소풍가다: go on a picnic
　　주　부　전구　동

4. 그는 지금 잠자고 있다. (현재진행)   *잠자다: sleep

5. 나는 어젯밤 9시에 잠자고 있었다. (과거진행)

6. 나는 내일밤 9시에 공부하고 있을 것이다. (미래진행)

7. 나는 그 소설을 읽은 적이 없다. (현재완료)   *소설: novel

8. 나는 어젯밤 9시까지 공부하고 있었다. (과거완료)

9. 나는 내일까지 숙제를 마칠 겁니다. (미래완료)   *숙제: homework, 마치다: finish, 내일까지: by tomorrow

6 의문문 / 부정문

> 의문문은 be동사나 조동사를 주어 앞에 두고 문장 끝에 물음표(?)를 붙인다.
> 의문문의 원리: be(조)동사+주어+동사원형
>
> 부정문은 be동사나 조동사 다음에 부정을 나타내는 부사 not을 붙인다.
> 부정문의 원리: 주어+ be(조)동사+ not+ 동사원형

📖 의문문

- **긍정문의 의문문 전환**

① be동사가 있는 구문

Are you happy? (행복하세요?)
be동   주   보

Are you | are \ happy

※ be동사가 있는 구문의 의문문은 be동사가 주어 앞에 온다.

② 일반동사가 있는 구문

Do you like him? (당신은 그를 좋아합니까?)
조동 주   동

Do you | like | him

※ 일반동사가 있는 구문의 의문문은 일반동사가 주어 앞에 올 수 없으므로 조동사 do를 주어 앞에 놓고 동사는 동사원형을 사용한다.

※ 주어가 3인칭 단수일 때는 조동사 does를 쓰고, 과거시제에서는 조동사 did를 쓴다.
- Does she like him? (그녀는 그를 좋아합니까?)
- Did she like him? (그녀는 그를 좋아했습니까?)

③ 조동사가 있는 구문

(예1) Can you eat Korean food? (당신은 한국음식을 먹을 수 있습니까?)
　　　조　주　동　　목

※ 조동사가 있는 구문의 의문문은 조동사를 주어 앞에 놓고 본동사는 동사원형을 사용한다.

(예2) Have you read the book yet? (당신은 벌써 그 책을 읽었습니까?)
　　　조　주　동　　목　　부

※ 완료시제구문의 의문문은 have+pp에서 조동사 have를 주어 앞으로 가져오면 된다.

☑ 익힘문제 15 (해답 71쪽)

❓ 다음 ( ) 안에 적당한 단어를 넣으시오.

1. 당신은 학생입니까? / (　　　) you a student?

2. 당신은 그 영화를 벌써 보았습니까?
   (　　　) you (　　　) the movie yet?

▪ 의문사가 있는 의문문

우리말의 누가, 언제, 어디서, 무엇을, 어떻게, 왜를 가리켜 의문사라고 한다. 의문사가 들어간 문장을 영문으로 쓸 때에 꼭 기억해야 할 것은 의문사가 문장의 제일 앞에 오고 그 다음에 조동사(be동사)가 온다는 점이다.

① **의문사가 부사로 쓰일 때**　<구문원리> 의문사+조(be)동사+주어+동사원형

(예1) 당신은 어디에 삽니까?
　　　주　　의(부)　동

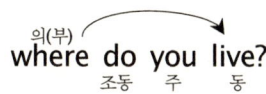

where do you live?
조동 주 동

where do you | live
                where

(예2) 당신은 어떻게 여기에 올 수 있습니까?
  주   의(부)   부   동사

How can you come here?
의(부) 조동 주 동사 부

(예3) 당신은 얼마나 늙었습니까? (당신은 몇 살입니까?)
  주   의(부)   보(형) be동사

How old are you?
의(부)
형(보) be동사 주

how old are you | are \ old
                          how

※ (예3)은 의문사 how가 형용사 old를 수식한다.
※ 의문사 how가 형용사를 수식할 때에는 의문사가 수식하는 형용사와 함께 문장의 앞으로 이동한다는 사실을 꼭 기억하라.

② 의문사가 대명사로 쓰일 때

• 의문대명사가 주어로 쓰일 때   <구문원리> 의문사 (주어)+동사+목적어(또는 보어)

(예1) 누가 저 사람을 사랑합니까?
  의대(주) 목   동

Who loves that man?
의대(주) 동   목

Who	loves	man
		that

※ 의문대명사 who가 문장에서 주어의 역할을 함으로 who 다음에 조동사가 오지 않고 바로 동사가 왔다.

(예2) 어느 것이 올바른 길입니까?
      의대(주)   보   be동

Which is the right way?
의대(주) be동   보

• 의문대명사가 보어로 쓰일 때   <구문원리> 의문사 (보어)+be동사+주어

(예) 저 사람은 누구입니까?
     주   의문(보) be동

Who is that man?
의대(보) be동   주

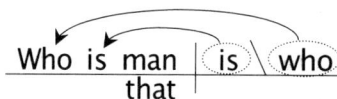

※ 의문대명사 who가 문장에서 보어로 쓰일 때에도 의문대명사 who 다음에 바로 be동사가 온다.

• 의문대명사가 목적어로 쓰일 때   <구문원리> 의문사 (목적어)+조동사+주어+동사원형

(예) 당신은 무엇을 원합니까?
     주   의대(목)   동

What do you want?
의대(목) 조 주 동

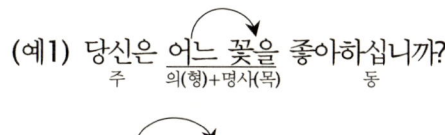

※ 의문대명사가 목적어로 쓰일 때에는 의문대명사를 문장의 앞에 오게 하면 된다.

③ **의문사가 형용사로 쓰일 때**   <구문원리> 의문형용사와 수식하는 명사를 함께 문장 앞에 놓으라.

(예1) 당신은 어느 꽃을 좋아하십니까?
         주   의(형)+명사(목)   동

       Which flower do you like?
       의(형)+명사(목)   조   주   동

(예2) 몇 시입니까?
      의(형)+명사(보) be동

      What time is it?
      의문형+명사(보)   be 동 주

※ 의문사가 형용사로 명사를 수식할 때에는 (의문사+명사)가 함께 문장의 앞에 온다는 사실을 유념하라.

☑ 익힘문제 16 (해답 74쪽)

❓ 다음 ( ) 안에 적당한 동사를 넣으시오.

1. 당신은 보통 몇 시에 잠을 잡니까?.

    (   ) do you usually go to bed ?

2. 누가 내일 여기에 옵니까?

    (   ) will come tomorrow?

☺ 해답(익힘문제 15)

1. Are   2. Have, watched

📖 부정문

영어에서 부정을 나타내는 부사인 not은 일반적으로 be동사(또는 조동사) 다음에 오지만, never나 seldom등의 경우에는 동사 앞에 온다.

- not이 오는 부정문

    ① be동사일 경우: be동사+not

    (예) 그는 행복하지 않다.
    　　　주　　보　　be동

    He is not happy.
    　주　be동　　보

    ※ 위 구문은 He isn't happy.로 줄일 수 있다.
    ※ not은 부정을 나타내는 부사이다.

    ② 일반동사일 경우: do(또는 did)+not+동사원형

    (예) 나는 숙제를 끝내지 못했다.
    　　　주　목　　동

    I did not finish my homework.
    주　조동사+동사원형　　　　목

I	did finish	homework
	not	my

    ※ 위 구문은 I didn't finish my homework.로 줄일 수 있다.

③ 조동사가 있는 경우: 조동사+not+동사원형

    (예) 나는 그 장소에 안 갈겁니다.

    I will not go to the place.

```
  I  |  will go
     |   not
     |   /  to  place
     |           the
```

※ 위 구문은 I won't go to the place.로 줄일 수 있다.
※ 조동사가 있는 부정문은 조동사 다음에 not을 붙인다.

- never나 seldom이 오는 부정문

never(결코 ~아니다)는 not의 강조형이며, seldom(거의 ~하지 않다)은 준부정어이다. never나 seldom은 동사 앞에 위치한다.

    (예1) 나는 어떤 패스트푸드도 절대로 먹지 않았다.

    I never ate any fast-food.

```
  I  |  ate  |  fast-food
     | never |    any
```

    (예2) 그녀는 일요일에는 거의 TV를 보지 않는다.

    She seldom watch TV on Sunday.

> ☑ 익힘문제 17 (해답 74쪽)
>
> ② 다음 ( ) 안에 적당한 동사를 넣으시오.
>
> 1. 나는 그 곳에 갈 수 없습니다.
>   I (   ) go to the place.
>
> 2. 그는 절대로 담배피지 않는다.
>   He (   ) smoke.

> ☺ 해답(익힘문제 16)
>
> 1. What time   2. Who
>
> ☺ 해답(익힘문제 17)
>
> 1. can not   2. never

✎ 연습문제 6 (해답 163쪽)

A. 다음 국문을 영문으로 바꾼 후 분해하고 몇 형식인지를 밝히시오.

(예) 당신은 나와 함께 쇼핑을 갈 수 있습니까?
　　　주　　전구　　　　목　　　　동

　　Can you go shopping with me?　　(3형식)
　　조　주　동　　목　　　전구

1. 당신은 여기에 머물렀습니까?　　　*머무르다: stay
　　주　　부　　동

2. 당신은 여기에 머무를 겁니까?
　　주　　　　　　　부　　동

3. 당신은 여기에 머물 수 있습니까?
　　주　　　　　　　부　　　동

4. 당신은 언제 부산에 갈겁니까?   *가다: go, 부산: Pusan
　　주　　의부　전구　　동

5. 무엇이 잘못되었습니까?   *잘못된: wrong
　의대(주)　보　be동

6. 당신은 일요일에는 무엇을 합니까?   *일요일: Sunday
　　주　　전구　　　의대(목)　동

7. 당신은 얼마나 오래 여행했습니까?   *여행하다: travel, 오래: long
　　주　　의부　부　　동

8. 당신은 어느 나라를 방문할겁니까?   *나라: country, 방문하다: visit
　　주　　의형　목　　동

9. 나는 그녀를 기억하지 못한다.   *기억하다: remember
　주　　목　　　동

10. 나는 절대로 네 의견을 동의하지 않는다.   *동의하다: agree, 의견: opinion
　　주　　부　　목　　　동

의문문 / 부정문 | 75

7 수동태구문

영어의 동사에는 능동태와 수동태가 있다. 능동태란 주어가 동작을 하는 것을 말하며, 수동태란 주어가 동작을 받는 것을 말한다.

영작을 할 때에는 능동태 구문으로 쓰는 것이 좋다. 수동태는 특별한 경우를 제외하고는 가능하면 쓰지 않는 것이 좋다.

구문원리
능동태구문: 주어+동사+목적어(또는 보어)
수동태구문: 주어+be동사+과거분사(pp)+전치사구(by+사람)

📖 능동태와 수동태

영어의 동사에는 능동태와 수동태가 있다. 능동태란 주어가 동작을 하는 것을 말하며, 수동태란 주어가 동작을 받는 것을 말한다.

<능동태> 그가 우리를 돕는다. (3형식)

<수동태> 우리는 그에 의해 도움을 받는다. (1형식)

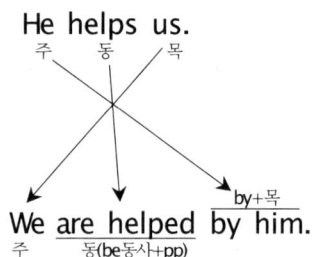

☞ 위 영문에서 능동태 구문이 수동태 구문으로 바뀔 때 세 가지 변화가 생겼음을 알 수 있다.

① 능동태의 주어 (He) ⟶ 수동태의 'by+목적어' (by him)

② 능동태의 목적어 (us) ⟶ 수동태의 주어 (We)

③ 능동태의 동사 (helps) ⟶ 수동태의 'be동사+과거분사(pp)' (are helped)

☞ 동사의 시제 변화에 따른 수동태의 변화

(현재) I help him. ⟶ He is helped by me.
　　　　현재　　　　　　　　be동사현재+pp

(과거) I helped him. ⟶ He was helped by me.
　　　　과거　　　　　　　　be동사과거+pp

(미래) I will help him. ⟶ He will be helped by me.
　　　will+원형동사　　　　　　will be+PP

(현재진행) I am helping him. ⟶ He is being helped by me.
　　　　be동사현재+동사ing　　　　be동사현재+being+pp

(과거진행) I was helping him. ⟶ He was being helped by me.
　　　　be동사과거+동사ing　　　　be동사과거+being+pp

(현재완료) I have helped him. ⟶ He has been helped by me.
　　　　have+pp　　　　　　　　have been+pp

(과거완료) I had helped him. ⟶ He had been helped by me.
　　　　had+pp　　　　　　　　had been+pp

(조동사) I can help him. ⟶ He can be helped by me.
　　　can+현재　　　　　　　　can be+pp

📖 'by+사람'이 없는 수동태

수동태에서 행동이 누구에 의해 이루어졌는지를 아는 것이 중요할 때에는 'by+사람'이 있지만, 그것을 알 수 없거나 알더라도 중요하지 않을 경우에는 사용하지 않는다. 일반적인 수동태구문에서는 'by+사람'이 없을 때가 더 많다.

(예1) 그 집은 목수에 의해 지어졌다.

　　　The house was built by a carpenter.

(예2) 그 집은 1995년에 지어졌다.

　　　The house was built in 1995.

(예3) 그 집은 1995년에 목수에 의해 지어졌다.

　　　The house was built by a carpenter in 1995.

※ (예1)은 (by+사람)에 의해 누구에 의해 집이 지어졌는지를 알 수 있으며, (예2)는 집이 지어진 시기는 알 수 있지만 집을 지은 사람은 알 수 없으며, (예3)은 두 가지 모두를 알 수 있다.

☑ 익힘문제18 (해답 78쪽)

? 다음 (　) 안에 적당한 동사를 넣으시오.

1. I visited him yesterday.
   He (　　　　　) by me yesterday.

2. I have written a letter.
   A letter (　　　　　) by me.

3. 그 빌딩은 2007년에 지어졌다.
   The building (　　　　　) in 2007.

☺ 해답(익힘문제18)

　1. was visited　　2. has been written　　3. was built

✎ 연습문제 7 (해답 164쪽)

A. 다음 수동태 문장을 영작하고 분해하시오.

(예) 그 책은 메리에 의해 쓰여졌다.
   주   전구   동

   The book was written by Merry.
   주   동(be동+pp)   전구

1. 나는 그 파티에 초대될 것이다.   *초대하다: invite
   주   전구   동

2. 그녀의 비밀이 그녀에 의해 말해지고 있다.   *비밀: secret, 말하다: tell, told, told
   주   전구   동

3. 군대가 적에 의해 포위되었는가?   *군대: army, 포위하다: surround, 적: enemy
   주   전구   동

4. 라디오는 언제 에디슨에 의해 발명되었습니까?   *에디슨: Edison, 발명하다: invent
   주   의문부사   전구   동

5. 선생님은 학생들에 의해 질문을 받았다.   *질문하다: ask a question
   주   전구   목   동

8 조동사 구문

조동사는 동사를 도와서 동사의 의미를 더 분명하게 하는 역할을 한다.
우리말에서는 조동사는 동사 다음에 붙지만, 영어에서는 동사 앞에 온다.
영어에서 조동사 사용시 주의할 점은 조동사 다음에는 동사원형이 온다는 것이다.
조동사구문을 만드는 원리 : 주어+조동사+동사원형

📖 조동사의 용법

- can / ~할 수 있다

(예) 나는 컴퓨터를 살 수 있다.

I can buy the computer.
주 조동   목

| I | can buy | computer |
| | | the |

- may, might / ~일지 모른다

may와 might는 추측을 나타낼 때 사용하는 조동사로서, 가능성이 50% 이하일 때 사용된다.

(예) 그는 도서관에 있을지 모른다.

(영작1) He may be at the library.
　　　　주　조　동　　　전구

```
　He │ may be
　　　│╱at library
　　　　　　the
```

(영작2) He might be at the library.
　　　　주　조　　동　　　전구

※ 영작1과 영작2는 똑 같은 의미이다.

☑ 익힘문제 19 (해답 83쪽)

　❓ 다음 (　) 안에 적당한 조동사를 넣으시오.

　1. 너는 그 책을 읽을 수 있다.
　　　You (　　　) read the book.

　2. 그것은 진실일지 모른다.
　　　It (　　　) be true.

- must, have to / ~해야만 한다

(예) 우리는 가야만 한다.

(영작1) We have to go.
　　　　주　　조　　동

```
　We │ have to go
```

조동사 구문 | 81

(영작2) We must go.
　　　 주　 조　동

※ have to와 must 모두 "~해야만 한다"라는 의무를 나타내는 조동사이지만, 일반적으로 have to가 must 보다 많이 쓰이며, must는 더 강하거나 긴급한 표현에 사용한다.

- must not　/　~해서는 안 된다

　(예) 너는 거기에 가서는 안 된다.

　　　You must not go there.
　　　 주　　조　 동　 부

※ 의무의 조동사 must와 have to는 긍정으로 쓰일 때는 의미가 같지만, 부정으로 쓰일 때는 의미가 달라진다.
You do not have to go there. (너는 거기에 갈 필요가 없다.)

- must be　/　~임에 틀림없다

　(예) 그는 변호사임에 틀림없다.

　　　He must be a lawyer.
　　　주　조　동　목

- should　/　당연히 ~해야만 한다

　(예) 너는 당연히 열심히 일해야만 한다.

　(영작1) You should work hard.
　　　　　 주　 조　 동　 부

- had better　/　~하는 것이 더 낫다

　(예) 너무 늦었다. 지금 가는 것이 더 낫다.

It's too late. You had better go now.
주   조동(부)

You	had better go
	now

※ 위 예문은 "지금 가지 않으면 좋지 않은 결과가 생길 수 있다"는 경고를 담고 있다.
※ had better는 두 단어가 모여서 된 복합조동사이다. 그러므로 had better 다음에는 동사원형이 온다.

☑ 익힘문제 20 (해답 84쪽)

❓ 다음 ( ) 안에 적당한 말을 넣으시오.

1. 너는 약간의 운동을 해야만 한다.
    You (   ) take some exercise.

2. 그는 의사임에 틀림이 없다.
    He (   ) a doctor.

3. 너는 당연히 열심히 공부해야만 한다.
    You (   ) study hard.

4. 너는 지금 공부하는게 더 낫다.
    You (   ) study now.

☺ 해답(익힘문제 19)

1. can   2. may 또는 might

> ☺ 해답(익힘문제 20)
>
> 1. have to 또는 must   2. must be   3. should,   4. had better

- would / ~하곤 했다

would는 과거의 규칙적인 습관에 사용되는 조동사로서 "~하곤 했다"는 의미를 가진다.

(예) 나는 아침에 성경을 읽곤 했다.

    I would read the Bible in the morning.
    주 조 동   목   전구

- used to / ~했었다, ~였다

used to는 과거의 지속적인 상태에 사용되는 조동사로서 "~했었다. ~였다"의 의미를 가진다.

(예1) 나는 부산에 살았었다.

    I used to live in Pusan.
    주 조 동   전구

(예2) 우리 아버지는 의사였다.

    My father used to be a doctor.
    주   조 동 보

(예3) 여기에 큰 나무가 있었다.

    There used to be a big tree here.
    허사(부) 조 동 주   부

※ (예3)에서 there는 아무 의미 없이 사용하는 허사로서 품사는 부사이다.

☑ 익힘문제 21 (해답 86쪽)

❓ 다음 (   ) 안에 적당한 말을 넣으시오.

1. 나는 어렸을 때 아침에 운동을 하곤 했다.

   I (   ) exercise in the morning when I was young.

2. 나는 오래 전에 미국에 살았었다.

   I (   ) live in the United States long ago.

3. 그의 아버지는 변호사였다.

   His father (   ) be a lawyer.

📖 공손한 요청에 사용되는 조동사

■ I를 주어로 사용하는 공손한 요청

- May I ~ / (내가) ~해도 좋을까요?

May I 는 상대방의 허락을 구하는 공손한 표현으로 ~해도 좋을까요?라는 의미를 가진다.

(예) 집에 가도 좋을까요?

   May I go home?

- Can I ~ / (내가) ~해도 좋을까?

 Can I 는 상대방의 허락을 구하는 표현으로 상대방을 잘 알 때 쓰이며, May I 에 비해 덜 공손한 표현이다.

(예) Can I go home? (집에 가도 좋을까?)

- Shall I ~ / (내가) ~할까요?

Shall I는 다른 사람에게 자신의 제안에 동의를 구할 때 사용하는 표현이다.

(예) 문을 열까요?

　　Shall I open the door?

- Shall we ~ / (우리) ~할까요?

Shall we ~ 는 다른 사람에게 자신의 제안에 함께 하기를 공손히 구할 때 사용하는 표현이다.

(예) 우리 산책 할까요?

　　Shall we go out for a walk?

☑ 익힘문제 22 (해답 88쪽)

❓ 다음 ( ) 안에 적당한 말을 넣으시오.

1. 여기서 담배를 피워도 좋을까요?
    (   ) I smoke here?

2. 내가 창문을 열까요?
    (   ) I open the window?

3. 점심 먹은 후에 떠나실래요?
    (   ) we leave after lunch.

☺ 해답(익힘문제 21)

1. would   2. used to   3. used to

■ you 를 주어로 사용하는 공손한 요청

- Would you ~   /   ~해주시겠습니까?

Would you는 부탁할 때 쓰이는 공손한 표현이다.

(예) 소금을 건네주시겠습니까?

Would you pass me the salt?

- Would you like ~   /   ~하시겠습니까?

Would you like는 권유를 할 때 쓰이는 공손한 표현이다.

(예) 커피 드시겠습니까?

Would you like a cup of coffee?

- Could you ~ , Can you ~   /   ~해주실 수 있습니까?

Could you 는 Would you와 마찬가지로 공손한 요청을 할 때 쓰이지만 상대방의 의중을 묻는 의미가 있다는 점이 다르다.   Can you는 Could you에 비해 덜 공손한 표현이다.

(예) 소금을 건네주실 수 있습니까?

Could you pass me the salt?

※ 위 문장은 Can you pass me the salt? 로 바꾸어도 된다. (*덜 공손한 표현)

☑ 익힘문제 23 (해답 89쪽)

❓ 다음 ( ) 안에 적당한 말을 넣으시오.

1. 그 책 좀 건네 주시겠습니까?
   (   ) you pass me the book?

2. 식사하시겠습니까?
   (   ) a meal?

3. 그 책 좀 건네 줄 수 있니?
   (   ) you pass me the book?

☺ 해답(익힘문제 22)

1. May   2. Shall   3. Shall

📖 복합 조동사

- be able to (~할 수 있다)

be able to(~할 수 있다)는 능력을 나타내는데 쓰이는 복합조동사이다.

- I am able to fulfill my dream.
  주   조   동   목

  (나는 내 꿈을 이룰 수 있다)

I	am able to fulfill	dream
		my

- **be going to** (막 ~ 하려는 참이다, ~ 할 예정이다)

be going to는 곧 해야 할 일을 나타내는데 쓰이는 복합조동사이다.

(예1) I <u>am going to</u> write a letter.
   (나는 지금 편지를 쓰려던 참이다.)

(예2) I <u>am going to</u> see him tomorrow.
   (나는 내일 그와 만날 예정이다.)

☑ 익힘문제 24 (해답 89쪽)

❓ 다음 ( ) 안에 적당한 복합조동사를 넣으시오.

1. 그는 훌륭한 학생이 될 수 있다.
   He (   ) be a good student.

2. 나는 학교에 가려던 참이다.
   I (   ) go to school.

☺ 해답(익힘문제 23)

   1. Would   2. Would you like   3. Can

☺ 해답(익힘문제 24)

   1. is able to   2. am going to

✎ 연습문제 8 (해답 164쪽)

다음 국문을 영어로 바꾸고 분해한 후 몇 형식인지를 밝히시오.

(예) 그는 영어를 매우 잘 할 수 있다.

He can speak English very well (3형식)

1. 나는 그 회의에 갈 수 있다.   *회의 : meeting

2. 그는 학교에 있을지 모른다.

3. 왜 당신은 가야만 합니까?

4. 너는 컴퓨터 게임을 해서는 안 된다.   *컴퓨터 게임: computer game

5. 너는 즉시 네 방을 청소하는 것이 낫다.   *즉시: right now, 청소하다: clean

6. 어린시절에 나는 매일 수영을 하곤 했다.   *어린시절에 : in my childhood

7. 그녀는 미국에 산 적이 있다.   *미국: the United States

8. 우리 7시에 떠날래요?

9. 당신을 도와드려도 좋을까요?

10. 저 책 좀 내게 건네 줄 수 있을까요?   *건네다: pass

11. 나를 위해 기도를 해 주시겠습니까?

12. 나는 당신에게 물어보려던 참입니다.

III

복잡한 문장
복문, 알고보면 별 것 아니다

종속절 구문

종속구 구문

연결어 구문

종속절 구문 (명사절구문, 형용사절구문, 부사절구문)

지금까지 우리는 1개의 기본5형식구문으로 만들어진 단문을 살펴보았다. 그러나 문장은 단문만으로 구성되는 것은 아니다. 상황에 따라 2개의 단문이 합쳐서 하나의 구문을 만드는 경우가 있는데 이것을 가리켜 '복문'(複文)이라고 한다.

2개의 단문을 합쳐서 하나의 구문을 만들 때 사용되는 것이 종속절이다.

종속절에는 명사절, 형용사절, 부사절이 있다.

📖 주절 / 종속절

2개의 구절이 연결된 복문에서 주된 역할을 하는 구절을 가리켜 주절이라고 하고, 주절을 수식하거나 또는 주절을 보완하는 역할을 하는 절을 가리켜 종속절이라고 한다.

```
         종속절
       ┌──────┐
나는 부산에 살고 있는 친구가 있다.
└──────────────────────┘
           주절
```

위 문장을 영어로 보면 주절과 종속절의 구분이 더 분명해 진다.

```
              종속절
         ┌──────────────┐
I have a friend who lives in Pusan.
└──────┘
  주절
```

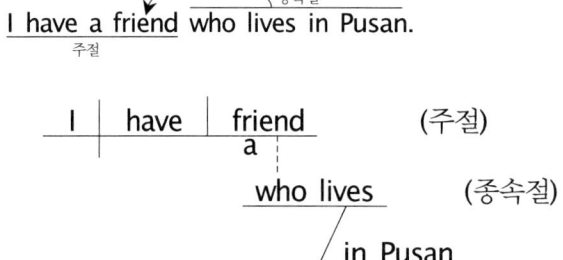

※ 위 문장은 주절 I have a friend.와 종속절 He(a friend) lives in Pusan.이 관계대명사 who로 연결된 것이다.

1. 명사절 구문

> 명사절구문이란 주절과 명사절이 연결되어 만들어진 구문이다.
> 명사절이란 명사의 역할을 하는 절을 말하며, 주절 안에서 주어, 목적어, 보어 또는 전치사의 목적어의 역할을 한다.
> 주절과 명사절은 관계대명사나 관계부사 또는 접속사로 연결된다.
> 명사절구문 원리 : 주절+의문사(또는 관계부사나 접속사)로 시작되는 명사절

📖 의문사(疑問詞)로 시작되는 명사절

명사절은 의문사로 연결되는 경우가 많이 있다. 의문사에는 의문대명사(what, who, which)와 의문부사(where, how, when, why) 그리고 의문형용사(which, whose, what)가 있다.

- 의문대명사로 시작되는 명사절

(예1) 나는 <u>그가 누구인지</u>를 안다.
　　　주　　목(명사절)　　　동

　　　　　　　의대(보) 주　동
I know who he is.　(3형식)
주　동　　목(명사절)

```
| I | know |              (주절)
          | who he | is    (종속절)
```

※ 위 문장은 "나는 안다"(I know) 와 "그는 누구인가?"(Who is he?)를 합친 문장이다.
※ who is he?가 명사절로 쓰일 때는 who he is(의문사+주어+동사)로 어순이 바뀜을 유의하라.

> ☞ 위 영문에서 발견한 명사절구문을 만드는 원리는 다음과 같다.
> ① 주어(I)+동사(know)+목적어(명사절)의 3형식구문이다.
> ② 명사절은 의문대명사(who)+주어(he)+동사(is)의 순으로 구절이 형성된다.

(예2) 나는 <u>누가 그 집에 사는지를</u> 안다.
　　　 주　　　목(명사절)　　　　동

　　　　　　　주(의대) 동　　　 전구
　　　I know who lives in the house. (3형식)
　　　주　동　　　　목(명사절)

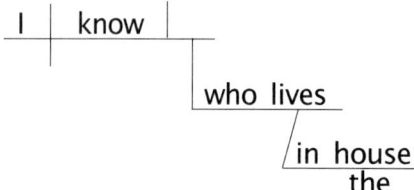

※ who는 명사절 내에서 주어로 쓰이면서 동시에 주절과 종속절을 연결하는 관계대명사의 역할을 한다.

> ☞ 위 영문에서 발견한 명사절구문을 만드는 원리는 다음과 같다.
> ① 주어(I)+동사(know)+목적어(명사절)의 3형식구문이다.
> ② 명사절은 의문대명사(who)+동사(lives)+전치사구(in my house)의 순으로 구절이 형성된다.
> *명사절에 주어가 없는 이유는 의문대명사가 주어의 역할을 하기 때문이다.

(예3) <u>네가 말하는 것은</u> 흥미롭다.
　　　　주(명사절)　　　　보 동

　　　의대(목) 주　동
　　　What you say is interesting. (2형식)
　　　　주(명사절)　　동　보

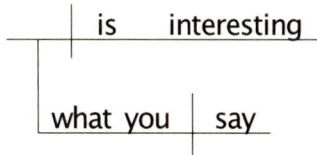

※ 의문대명사 what으로 시작되는 명사절은 "~하는 것"이라고 번역된다.

☞ 위 영문에서 발견한 명사절구문을 만드는 원리는 다음과 같다.
① 주어(명사절)+동사(is)+보어(interesting)의 2형식구문이다.
② 명사절은 의문대명사(what)+주어(you)+동사(say)의 순으로 구절이 형성된다.

(예4) 나는 무엇이 일어났는지를 모른다. (3형식)
　　　주　　　목(명사절)　　　동

　　　　　　　　　　주(의대)　 동
　　　I don't know what happened.
　　　주　　동　　　목(명사절)

※ 관계대명사 what은 명사절에서 주어로 쓰인다.

☞ 위 영문에서 발견한 명사절구문을 만드는 원리는 다음과 같다.
① 주어(I)+동사(know)+목적어(명사절)의 3형식구문이다.
② 명사절은 의문대명사(what)+동사(happened)의 순으로 구절이 형성된다.
*명사절에 주어가 없는 이유는 의문대명사가 주어의 역할을 하기 때문이다.

　　　　　　　　전+명사절
(예5) 나는 선생님이 말씀하는 것을 들었다. (1형식)
　　　주　　　　　　　　　　　동

　　　　　　　　　전+명사절(의대+주어+동사)
　　　I listened to what the teacher said.
　　　주　　동

명사절 구문 | 97

```
I ── listened
         \  to
          \──── what teacher ── said
                      the
```

※ 명사절이 전치사 to의 목적어의 역할을 한다.

☞ 위 영문에서 발견한 명사절구문을 만드는 원리는 다음과 같다.

① 주어(I)+동사(listened)+전치사절(전치사+명사절)의 1형식구문이다.

② 명사절은 의문대명사(what)+주어(the teacher)+동사(said) 순으로 구절이 형성된다.

(예6) 나는 어느 것이 너의 책인지를 모른다. (3형식)
   주   목(명사절)   동

I don't know which is your book.
주   동   목(명사절)

☞ 위 영문에서 발견한 명사절구문을 만드는 원리는 다음과 같다..

① 주어(I)+동사(don't know)+목적어(명사절)의 3형식구문이다.

② 명사절은 의문대명사(which)+동사(is)+보어(your book)의 순으로 구절이 형성된다.

　*명사절에 주어가 없는 이유는 의문대명사가 주어의 역할을 하기 때문이다.

☑ 익힘문제 25 (해답 101쪽)

❓ 다음 명사절 구문의 (　) 안에 적당한 말을 넣으시오.

1. 나는 그녀가 누구인지 모른다.

   I don't know (　　　　　　　　).

2. 나는 네가 무엇에 대해 말하고 있는지 모른다.
   I don't know (   ).

3. 나는 누가 당신과 함께 살고 있는지 모른다.
   I don't know (   ).

■ 의문대명사가 형용사로 쓰일 때

지금까지는 의문대명사가 명사로서 명사절 안에서 주어나 목적어 또는 보어의 역할을 하는 것을 살펴보았다. 이제부터는 의문대명사가 형용사로서 명사절 안에서 다른 명사를 수식하는 역할을 하는 것을 살펴보도록 하자.

(예1) 나는 그가 무슨 책을 가지고 있는지를 안다. (3형식)
       주   목(명사절)   동

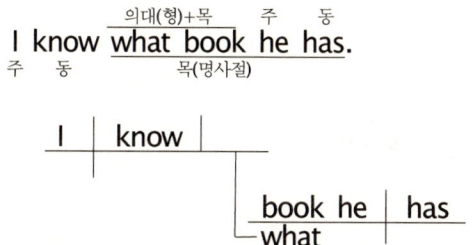

I know what book he has.
주 동   목(명사절)

※ 의문대명사 what은 명사절의 목적어 book을 수식하는 형용사인 동시에 주절과 명사절을 연결하는 접속사의 역할을 한다.

☞ 위 영문에서 발견한 명사절구문을 만드는 원리는 다음과 같다.

① 주어(I)+동사(know)+목적어(명사절)의 3형식구문이다.
② 명사절은 의문대명사+목적어(what book)+주어(he)+동사(has)의 순으로 구절이 형성된다.
  *의문대명사가 형용사로 쓰일 때에는 수식하는 명사와 함께 명사절의 제일 앞으로 이동한다는 것을 꼭 기억하라.

(예2) 나는 그것이 누구의 책인지를 안다. (3형식)
　　　주　　　　　목(명사절)　　　　　동

I knows whose book it is.
　주　 동　　　목(명사절)

※ 의문대명사 whose는 명사절의 보어 book을 수식하는 형용사인 동시에 주절과 종속절(명사절)을 연결하는 접속사의 역할을 한다.

☞ 위 영문에서 발견한 명사절구문을 만드는 원리는 다음과 같다.
　① 주어(I)+동사(know)+목적어(명사절)의 3형식구문이다.
　② 명사절은 의문대명사+보어(whose book)+주어(it)+동사(is)의 순으로 구절이 형성된다.
　　*의문대명사가 형용사로 쓰일 때에는 수식하는 명사와 함께 명사절의 제일 앞으로 이동한다는 것을 꼭 기억하라.

(예3) 나는 네가 어느 책을 원하는지를 모른다. (3형식)
　　　주　　　　　목(명사절)　　　　　동

I don't know which book you want.
　주　　동　　　　목(명사절)

※ 의문대명사 which는 명사절의 목적어 book을 수식하는 형용사인 동시에 주절과 종속절(명사절)을 연결하는 접속사의 역할을 한다.

☞ 위 영문에서 발견한 명사절구문을 만드는 원리는 다음과 같다.
　① 주어(I)+동사(don't know)+목적어(명사절)의 3형식구문이다.
　② 명사절은 의문대명사+목적어(which book)+주어(you)+동사(want)의 순으로 구절이 형성된다.
　　*의문대명사가 형용사로 쓰일 때에는 수식하는 명사와 함께 명사절의 제일 앞으로 이동한다는 것을 꼭 기억하라.

☑ 익힘문제 26 (해답 104쪽)

❓ 다음 명사절 구문의 ( ) 안에 적당한 말을 넣으시오.

1. 나는 어느 책이 네 것인지 모른다.

   I don't know (   ).

2. 나는 그게 누구의 차인지 모른다.

   I don't know (   ).

3. 나는 네가 무슨 꽃을 좋아하는 모른다.

   I don't know (   ).

☺ 해답 (익힘문제 25)

1. who she is   2. what you are talking about   3. who lives with you

📖 의문부사로 시작되는 명사절

언제(when), 어디서(where), 어떻게(how), 왜(why)로 시작하는 명사절 구문을 말한다.

(예1) 나는 <u>그가 어디서 태어났는지</u> 안다. (3형식구문)
　　　주　　　　목(명사절)　　　　동

　　　　　　의부　주　 be동+pp
　I know where he was born.
　주　동　　　　목(명사절)

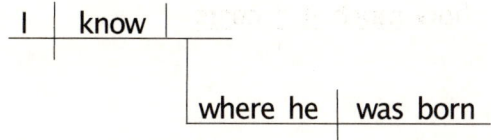

※의문부사 where는 동사 was born을 수식하는 동시에 주절과 명사절을 연결하는 접속사의 역할을 한다.

> ☞ 위 영문에서 발견한 명사절구문을 만드는 원리는 다음과 같다.
> ① 주어(I)+동사(know)+목적어(명사절)의 3형식구문이다.
> ② 명사절은 의문부사(where)+주어(he)+동사(was born)의 순으로 구절이 형성된다.
>   *was born은 be동사+pp(과거분사)의 수동태 구문이다.

(예2) 나는 그가 언제 다시 올지 모른다. (3형식)
     주   목(명사절)   동

I don't know when he comes again.
주   동   의부 주 동 부
            목(명사절)

※ 의문부사 when은 동사 come을 수식하는 동시에 주절과 명사절을 연결하는 접속사의 역할을 한다

> ☞ 위 영문에서 발견한 명사절구문을 만드는 원리는 다음과 같다.
> ① 주어(I)+동사(don't know)+목적어(명사절)의 3형식구문이다.
> ② 명사절은 의문부사(when)+ 주어(he)+동사(comes)의 순으로 구절이 형성된다.

(예3) 나는 그것이 얼마나 많은 비용이 드는지 모른다. (3형식)
     주   목(명사절)   동

I don't know how much it costs.
주   동   의부 부사 주 동
            목(명사절)

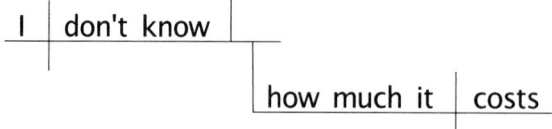

※ 의문부사 how는 부사 much를 수식하는 동시에 주절과 명사절을 연결하는 접속사의 역할을 한다.
   의문부사가 부사를 수식할 때에는 의문부사와 수식하는 부사가 함께 명사절의 제일 앞에 온다.

☞ 위 영문에서 발견한 명사절구문을 만드는 원리는 다음과 같다.

① 주어(I)+동사(don't know)+목적어(명사절)의 3형식구문이다.
② 명사절은 관계부사+부사(how much)+주어(it)+동사(costs)의 순으로 구절이 형성된다.
　　*관계부사 how가 수식하는 부사와 함께 명사절의 앞 부분에 온다.

(예4) 나는 그녀가 왜 우는지 모른다. (3형식)
　　　주　　목(명사절)　　　　동

I don't know why she cries.
주　동　　의부 주 동
　　　　　목(명사절)

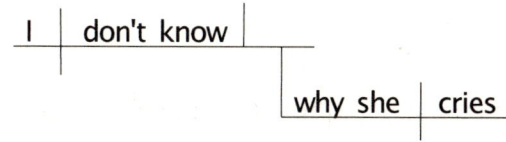

※ 의문부사 why는 동사 cries를 수식하는 동시에 주절과 명사절을 연결하는 접속사의 역할을 한다.

☞ 위 영문에서 발견한 명사절구문을 만드는 원리는 다음과 같다.

① 주어(I)+동사(don't know)+목적어(명사절)의 3형식구문이다.
② 명사절은 의문부사(why)+ 주어(she)+동사(cries)의 순으로 구절이 형성된다.

☑ 익힘문제 27 (해답 104쪽)

❓ 다음 명사절 구문의 ( ) 안에 적당한 말을 넣으시오.

1. 나는 그녀가 왜 울고 있는지 모른다.

　　I don't know (　　　　　　　　).

2. 당신은 그가 언제 오는지 압니까?

　　Do you know (　　　　　　　　).

3. 나는 그녀가 어디에 사는지 모른다.

　　I don't know (　　　　　　　　).

> ☺ 해답 (익힘문제 26)
>
> 1. which book is yours   2. whose car it is   3. what flower you like

> ☺ 해답 (익힘문제 27)
>
> 1. why she is crying   2. when he comes   3. where she lives

📖 접속사 that이나 if 로 시작되는 명사절

명사절구문에는 의문사가 없이 접속사로 연결되는 경우가 있다.
접속사로 시작하는 명사절에는 that으로 시작되는 명사절과 if로 시작되는 명사절이 있다.

- 접속사 that 으로 시작되는 명사절

① 주어의 역할을 하는 that 명사절

(예) <u>그가 정직하다는 것은</u> 명백하다 (2형식)
   주(명사절)   동 보

(영작1) <u>That he is honest</u> is obvious.
      명사절(주)   동   보

```
        │ is  \ obvious
  ┌─────┘
  that
  he │ is  \ honest
```

(영작2) It is obvious that he is honest.
      가주 동   보   명사절(진주)

(영작3) It is obvious he is honest.
      가주 동   보   명사절(진주)

※ (영작1)은 명사절을 문장의 주어로 직접 사용한 것으로 명사절과 주절을 연결하는 접속사 that을 명사절의 앞에 두었다.

※ (영작2)는 가주어 it으로 명사절 주어를 대체한 경우로서 주절 It is obvious와 명사절 he is honest 사이를 접속사 that으로 연결하였다. 가주어를 사용한 이유는 명사절이 너무 길어 주어로 사용하기에 불편하기 때문이다.

※ (예3)은 가주어 it을 사용한 (예2) 구문에서 접속사 that을 생략한 것이다. 가주어 it을 사용한 경우에는 접속사 that을 생략할 수 있다

② 목적어의 역할을 하는 that 명사절

(예) 나는 그가 정직하다고 생각한다. (3형식)
　　　주　　목(명사절)　　　　동

(영작1) I think that he is honest.
　　　　주　동　　　목(명사절)

```
　I │ think │
　　　　　　│ that
　　　　　　│ he │ is \ honest
```

(영작2) I think he is honest.
　　　　주　동　　목(명사절)

※ (예1)을 보면 명사절 that he is honest는 주절의 목적어로서 that으로 주절과 연결이 된다.
※ (예2)는 (예1) 문장에서 접속사 that을 생략하는 경우로서 주로 회화체 문장에 많이 사용된다.

③ 보어의 역할을 하는 that 명사절

(예) 그 이유는 그는 진실하기 때문이다. (2형식)
　　　주　　　　　명사절/보　　동

<u>The reason</u> <u>is</u> <u>that he is true</u>.
　　주　　동　　　보(명사절)

※ 위 영문을 보면 명사절 he is true는 주절의 보어로서 접속사 that으로 주절과 연결된다.

- 접속사 if(~인지) 로 시작되는 명사절

접속사 if(~인지)로 연결되는 명사절은 질문에 대한 답을 잘 모를 때에 쓰인다.

(예) 나는 <u>그가 집에 있는지</u> 모르겠다. (3형식)
　　주　　　명사절(목)　　　　동

<u>I</u> <u>don't know</u> <u>if he is at home</u>.
주　　동　　　　명사절(목)

```
   I  | don't know |
                   | if
                   | he | is
                        | at home
```

(예2) 나는 <u>그가 집에 있는지 없는지</u> 알고 싶다. (3형식)
　　　주　　　명사절(목)　　　　　동

<u>I</u> <u>wonder</u> <u>if he is at home or not</u>.
주　　동　　　　명사절(목)

☑ 익힘문제 28(해답 107쪽)

❓ 다음 명사절 구문의 ( ) 안에 적당한 말을 넣으시오.

1. 나는 그녀가 아름답다고 생각한다.
   I think (　　　　) she is beautiful.

> 2. 그 이유는 그가 거짓말을 했기 때문이다.
>
>   The reason is (　　　) he told a lie.
>
> 3. 나는 그가 학교에 갔는지 모르겠다.
>
>   I don't know (　　　) he went to school.

> ☺ 해답 (익힘문제 28)
>
> 1. that 또는 생략   2. that   3. if

✎ 연습문제 9 (해답 164쪽)

다음을 국문을 영문으로 바꾸고 분해한 후 몇 형식인지를 밝히시오.

(예) 너는 이 펜이 누구 것인지를 아느냐?
　　주　　　목(명사절)　　　동

　　Do you know whose pen this is?　(3형식)
　　조 주 동   목(명사절)

1. 나는 지금 몇 시인지 모른다.
   주   목(명사절)   동

2. 나는 누가 너와 함께 살고 있는지 모른다.
   주   목(명사절)   동

3. 나는 그가 지금 어디에 살고 있는지 모른다.
   주   목(명사절)   동

명사절 구문 | 107

4. 나는 어느 것이 더 좋은지 몰랐다. *더 좋은: better
   주   목(명사절)   동

5. 왜 그들이 마을을 떠났는지는 비밀이다. *마을: country, 비밀: secret
     주(명사절)   보 be동

6. 나는 그가 무슨 색을 가장 좋아하는지 안다. *색: color
   주   목(명사절)   동

7. 나는 그가 언제 갔는지 모른다.
   주   목(명사절)   동

8. 비가 올지 나는 모르겠다.
   목(명사절) 주   동

9. 나는 그녀가 집에 있는지 알고 싶다. *집에 있다: is at home
   주   목(명사절)   동

10. 그가 멋있다는 것은 사실이다. *멋있는: handsome, 사실인: true
    주(명사절)   보 be동

2. 형용사절 구문

> 형용사절구문이란 주절과 형용사절이 연결되어 만들어진 구문이다.
> 형용사절이란 주절의 명사를 수식하는 종속절로서 관계대명사(who, whom, which, that, whose)나 관계부사(where, when, why, how)를 통해 주절과 연결된다.
> • 형용사절구문을 만드는 원리 : 주절+관계대명사(또는 관계부사)로 시작되는 형용사절

📖 관계대명사로 시작하는 형용사절

■ 수식하는 명사(선행사)가 사람일 때 사용되는 관계대명사

① 관계대명사 who의 용법

(예1) 나는 부산에 살고 있는 친구가 있다. (3형식)
　　　주　　　　　형용사절　　　　　목　동

I have a friend who lives in Pusan.
주　동　　　목

```
    I  |  have  |  friend
                |    a
                |  who lives
                |      \ in Pusan
```

※ 종속절 who lives in Pusan은 목적어 friend를 수식하는 형용사의 역할을 한다.
※ 관계대명사 who는 형용사절의 주어인 동시에 주절과 종속절을 연결하는 연결어의 역할을 한다.

형용사절 구문 | 109

☞ 위 영문에서 발견한 관계대명사 who로 시작되는 형용사절구문을 만드는 원리는 다음과 같다.

① 주어(I)+동사(have)+목적어(a friend)+형용사절의 3형식구문이다.

② 형용사절은 관계대명사(who)+동사(lives)+in Pusan(전구)의 순으로 구절이 형성된다.

② 관계대명사 whom 의 용법

(예1) 네가 어제 보았던 남자는 우리 삼촌이다. (2형식)
　　　　　　　형용사절　　　　주　보　be동

(영작1) The man whom you saw yesterday is my uncle.　　☞ 정식영어에 사용
　　　　주　　　　　형용사절　　　　　　동　　보

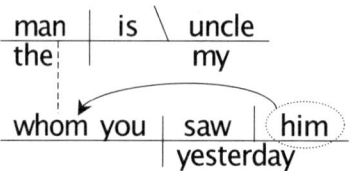

※ 종속절 whom you saw yesterday는 주어 man을 수식하는 형용사절이다.
※ 관계대명사 whom은 종속절의 목적어 him을 관계대명사의 형태로 바꾼 것이다.

(영작2) The man who you saw yesterday is my uncle.　　☞ 주로 사용
　　　　주　　　　형용사절　　　　　　　동　　보

※ 관계대명사 whom은 정식영어에만 쓰고 일반영어에서는 주로 who를 사용한다.

(영작3) The man you saw yesterday is my uncle.　　☞ 많이 사용
　　　　주　　　형용사절　　　　　　　동　　보

※ 목적격관계대명사 whom은 생략할 수도 있는데 실제 영어에서 생략하는 경우가 많다.

③ 관계대명사 whose의 용법

(예1) 나는 그의 직업이 변호사인 사람을 안다. (3형식)

I know a man whose job is a lawyer.

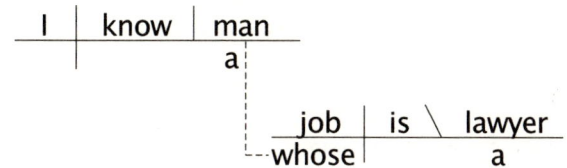

※ whose job은 his job을 관계대명사 형태로 바꾼 것이다.
※ 위 문장은 I know a man.과 His job is a lawyer.를 연결시킨 것이다.

(예2) 내가 그의 이름을 알고 있는 사람은 변호사이다. (2형식)

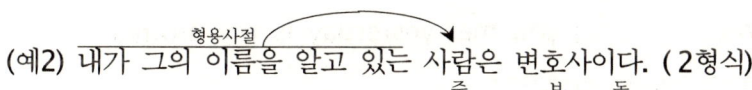
The man whose name I know is a lawyer.

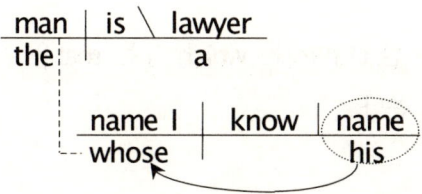

※ 관계대명사 whose는 수식하는 명사와 함께 명사절의 제일 앞에 온다는 것을 유념하라.
※ 형용사절 whose name I know는 주절의 주어인 man을 수식한다.
※ whose name은 his name을 관계대명사 형태로 바꾼 것이다.

(예3) 한 농부가 (그것의) 값이 매우 비싼 보물을 발견하였다. (3형식)

A farmer found treasure whose value is very expensive.

※ 관계대명사 whose는 사람을 수식하는 것이 원칙이지만 (예3)처럼 사물을 수식하는 경우도 있다.

☑ 익힘문제 29 (해답 115쪽)

❓ 다음 형용사절 구문의 ( ) 안에 적당한 말을 넣으시오.

1. 정원에서 일하고 있는 남자는 우리 삼촌이다.

   The man (   ) is working in the garden is my uncle.

2. 네가 어제 만났던 그 남자는 우리 형이다.

   The man (   ) you met yesterday is my brother.

3. 존은 그의 가르침이 매우 좋은 선생님이다.

   John is a teacher (   ) teaching is very good.

■ 수식하는 명사가 사물일 때 사용되는 관계대명사

수식하는 명사가 사물일 경우에 사용되는 관계대명사는 which 또는 that을 쓴다. 선행사가 사물일 경우에는 which 보다는 that을 많이 쓴다.

(예) 책상 위에 있는 책은 내 것이다. (2형식)

(영작1) The book which is on the desk is mine. ☞ 적게 사용

(영작2) The book that is on the desk is mine.   ☞ 많이 사용
　　　　주　　　　　　　　　　　　동　보

- 전치사를 포함하는 관계대명사

① 수식하는 명사가 사람일 경우

(예) 그는 내가 너에게 말했던 선생님이다. (2형식)
　　 주　　　　　　　　　　　　보　be동

(영작1) He is the teacher about whom I told you.   ☞ 정식영어에 사용
　　　　주　동　보

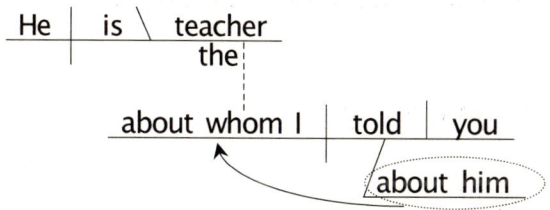

※ He is the teacher.(주절)와 I told you about him.(종속절)이 합쳐진 문장이다.

※ 전치사 about의 목적어인 him이 관계대명사 whom으로 바뀌면서 문장의 앞으로 나와 주절과 종속절을 연결시키는 연결어가 되었다.

(예2) He is the teacher who(m) I told you about.   ☞ 일반영어에 사용
　　　 주　동　　보

※ 정식영어에서는 (예1)에서처럼 전치사가 형용사절 앞에 위치하지만, 회화에서는 전치사를 형용사절 뒤에 오게 하여 사용하는 것이 일반적이다.

※ (예2)에서처럼 전치사가 형용사절 뒤에 올 때에는 관계대명사를 who와 whom 중 어느 것을 사용해도 무방하지만, (영작1)처럼 전치사가 형용사절 앞에 올 때에는 정식영어이므로 whom만을 사용해야 한다.

(예3) He is the teacher I told you about.   ☞ 많이 사용
　　　주　동　　　보　　형용사절

※ 전치사가 형용사절 뒤에 올 때에는 관계대명사(whom 또는 that)을 생략해도 된다.

② 수식하는 명사가 사물일 경우

수식하는 명사가 사물일 경우 전치사의 목적어로 사용되는 관계대명사는 which나 that이 오며, 생략할 수도 있다.

(예) 내가 갔던 회의는 흥미로웠다. (2형식)
　　　　형용사절
　　　주　　보　동

(영작1) The meeting to which I went was interesting.   ☞ 정식영어에 사용
　　　　주　　　　형용사절　　　　　동　　보

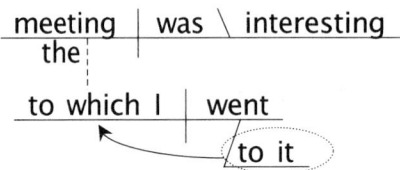

※ The meeting was interesting(주절)과 I went to the meeting.(종속절)이 연결된 문장이다.
※ 종속절의 전치사 to의 목적어인 it(the meeting)이 관계대명사 which로 바뀌면서 문장의 앞으로 나와 주절과 종속절을 연결시키는 연결어가 되었다.

(영작2) The meeting which I went to was interesting.   ☞ 일반영어에 사용
　　　　주　　　　형용사절　　　　동　　보

※ 정식영어에서는 (예1)에서처럼 전치사가 형용사절 앞에 위치하지만, 실제 영어에서는 전치사를 형용사절 뒤에 오게 하여 사용하는 것이 일반적이다.

(영작3) The meeting that I went to was interesting.   ☞ 주로 사용
　　　　주　　　형용사절　　　동　　보

(영작3) <u>The meeting I went to</u> was interesting.   ☞ 많이 사용
         주   형용사절   동   보

※ 전치사가 형용사절 뒤에 올 때에는 관계대명사(which 또는 that)을 생략해도 된다.

☑ 익힘문제 30 (해답 118쪽)

❓ 다음 형용사절 구문의 ( ) 안에 적당한 말을 넣으시오.

1. 그녀는 독특하게 디자인된 자전거를 샀다.

   She bought a bicycle (   ) was specially designed.

2. 내가 원하는 차는 세일 중이 아니다.

   The car (   ) is not for sale.

3. 내가 어제 들었던 라디오 프로그램은 재미있었다.

   The radio program (   ) I listen (   ) yesterday was fun.

☺ 해답 (익힘문제 29)

1. who   2. who 또는 whom 또는 생략   3. whose

📖 관계부사로 시작하는 형용사절

관계부사로 시작되는 형용사절은 문장 중에서 형용사의 역할을 한다.

▪ 관계부사 where 로 연결되는 형용사절

관계부사 where는 장소를 나타내면서 주절과 형용사절을 연결하는 접속사 역할을 한다.

(예) 여기는 <u>내가 태어났던</u> 곳이다.
        주   형용사절   보 be동

This is the place where I was born.
주 be동 보

```
This | is \ place
         the
              where I | was born
```

- 관계부사 when 으로 연결되는 형용사절

관계부사 when은 시간을 나타낼 때 쓰인다. 관계부사 when 앞에는 시간을 나타내는 명사 (year, day, time, moment 등)가 온다.

(예) 나는 그 사고가 일어났던 순간을 결코 잊을 수 없다. (3형식)

I never forget the moment when the accident happened.
주   동   목

```
I | forget | moment
  never      the
              when accident | happened
                     the
```

- 관계부사 why로 연결되는 형용사절

관계부사 why는 이유를 나타낼 때 쓰인다. 관계부사 why 앞에는 reason이 선행사로 오며 종종 생략되기도 한다.

(예) 당신은 그가 오지 않은 이유를 압니까? (3형식)

　　　　　　　　　　　　　　　　형용사절
　　Do you know the reason why he didn't come?
　　조　주　　동　　　목

※ 위 문장은 the reason을 생략해도 된다: Do you know why he didn't come?

- 관계부사 how로 연결되는 형용사절

관계부사 how는 방법을 나타낼 때 쓰인다. (예1)처럼 관계부사 how 앞에는 the way 가 선행사로 오는 것이 원칙이지만, 현대영어에서는 그렇게 사용하는 경우가 거의 없으며 (예2)나 (예3)처럼 how나 또는 the way가 생략된 문장으로 쓰인다.

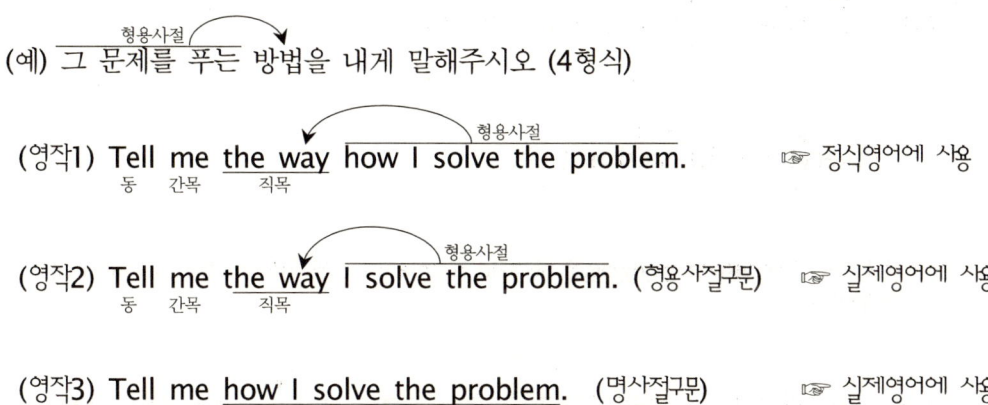

(예) 그 문제를 푸는 방법을 내게 말해주시오 (4형식)

(영작1) Tell me the way how I solve the problem.　　☞ 정식영어에 사용

(영작2) Tell me the way I solve the problem. (형용사절구문)　　☞ 실제영어에 사용

(영작3) Tell me how I solve the problem. (명사절구문)　　☞ 실제영어에 사용

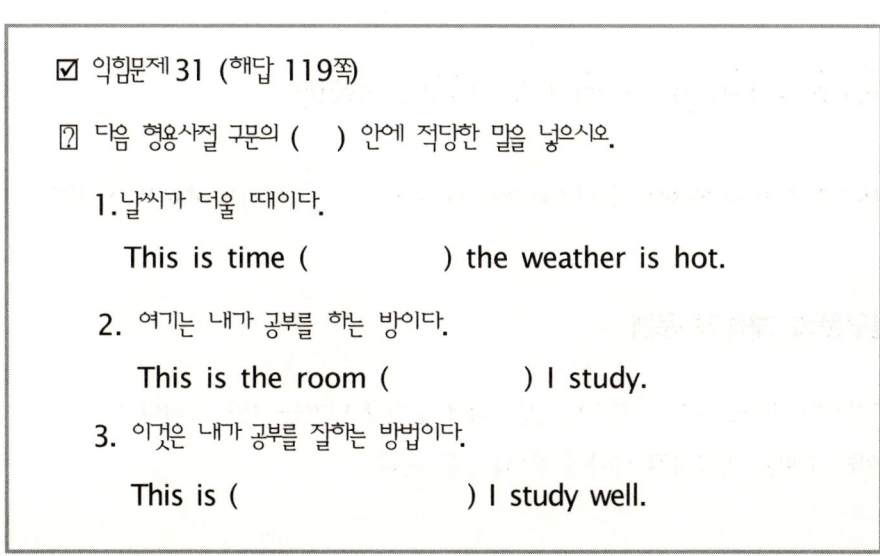

☑ 익힘문제 31 (해답 119쪽)

❓ 다음 형용사절 구문의 (　) 안에 적당한 말을 넣으시오.

1. 날씨가 더울 때이다.
   This is time (　　　) the weather is hot.

2. 여기는 내가 공부를 하는 방이다.
   This is the room (　　　) I study.

3. 이것은 내가 공부를 잘하는 방법이다.
   This is (　　　　) I study well.

> ☺ 해답 (익힘문제 30)
> 1. that(which)   2. that(which) I want 또는 I want   3. which(that)또는 생략, to

📖 관계대명사를 생략한 형용사절

선행사 someone, everyone, no one, something, everything 등이 형용사절의 목적어로 올 때에는 관계대명사를 생략한다.

(예1) 그가 말한 모든 것은 사실이다. (2형식)

Everything he said is true.

※ 위 문장은 "Everything that(which) he said is true."에서 관계대명사 that(또는 which)이 생략되었다.

(예2) 그를 제외하고는 내가 완전히 신뢰할 수 있는 사람은 아무도 없다. (2형식)

Except him there is no one I can trust perfectly.

※ Except him there is no one who I can trust perfectly.에서 관계대명사 who가 생략되었다.

📖 형용사절구문의 계속적 용법

형용사절이 수식하는 명사를 제한하지 않고 계속해서 설명해 나가는 것을 말한다.
계속적용법에서는 주절과 형용사절 사이에 콤머(,)를 둔다.

(예1) 그는 <u>변호사가 된</u> 아들이 있다. (제한적용법 / 2형식)
　　　주　　　　　　　　목　동

He has a son <u>who has become a lawyer.</u>
　주　동　목

(예2) 그는 아들이 있는데, <u>변호사가 되었다.</u> (계속적용법 / 2형식)
　　　주　　목　　동

He has a son, <u>who has become a lawyer.</u>
　주　동　목

※ (예1)처럼 제한적용법은 종속절(형용사절)이 관계대명사 앞에 있는 명사 son을 수식하지만.
※ (예2)처럼 계속적용법은 종속절(형용사절)이 마치 독립절처럼 해석된다.
　· He has a son and his son has become a lawyer.

☑ 익힘문제 32 (해답 120쪽)

❓ 다음 형용사절 구문의 ( ) 안에 적당한 말을 넣으시오.

1. 이것은 내가 기대하는 어떤 것이다.

　This is something (　　　) I expect.

2. 나는 그녀의 아버지를 만났는데, 그는 경찰서에서 일했다.

　I met her father, (　　　) worked at the police station.

☺ 해답 (익힘문제 31)

　1. when　　2. where　　3. the way 또는 how

```
☺ 해답 (익힘문제 32)
    1. 접속사 없음    2. who
```

✎ 연습문제 10 (해답 165쪽)

다음을 국문을 영문으로 바꾸고 분해하시오.

(예) 이것은 <u>그가 가지고 있는</u>[형용사절] <u>모든 돈</u>이다.
　　　주　　　　　　　　　　　　　보　동

This is <u>all money</u> <u>that he has</u>[형용사절].
　주　동　　보

1. <u>파란 자켓을 입은</u>[형용사절] 그 <u>남자</u>는 <u>우리 삼촌</u>이다.　　*자켓: jacket, 입다: wear
　　　　　　　　　　　　　　주　　　　보　be동

2. 그는 <u>(그것의) 인테리어가 매우 탁월한</u>[형용사절] <u>집</u>을 <u>가지고 있다</u>.　　*탁월한: excellent,
　　주　　　　　　　　　　　　　　　　　　　　　목　　　동　　　　　　　　　인테리어: interior

3. <u>옆집에 사는</u>[형용사절] <u>여자</u>는 <u>매우</u>[부] <u>친근하다</u>.　　*옆집에: next door, 친근한: friendly
　　　　　　　　　　　주　　　　보　be동

4. <u>정말로 나를 놀라게 했던</u>[형용사절] <u>(그)것</u>은 <u>그의 행동</u>이었다.　　*놀라게 하다: surprise, 행동: action
　　　　　　　　　　　　　　　　주　　　　보　be동　　　　　　　　그것: the thing

5. 그는 어젯밤 만난 그 소녀를 좋아한다.   *좋아하다: like
   주   형용사절   목   동

6. 내가 산 컴퓨터는 중국에서 만들어졌다.   *중국: China
      형용사절   주   전구   동

7. 나는 우스운 이야기가 있는 영화들을 좋아한다.   *우스운 이야기: funny story
   주   형용사절   목   동

8. 그가 어제 말했던 주제는 흥미로웠다.
          형용사절   주   보 be동

9. 이것은 우리가 살 집이다.
    주   형용사절 보 be동

10. 1990년은 내가 태어났던 해이다.   *태어났다: was born, 해: year
     주   형용사절   보 be동

11. 그것은 내가 시험에 떨어졌던 이유이다.   *시험: exam, 떨어지다: fall
     주   형용사절   보 be동

12. 당신은 (우리가) 비행장에 가는 방법을 알고 있습니까?   *비행장: airport

13. 네가 먹을 수 있는 것은 아무 것도 없다.

14. 내가 너에게 줄 수 있는 모든 것은 사랑이다.

15. 그는 내 친구인데, 이번 주말에 나는 그의 집을 방문할 것이다.

      *주말에: on this weekend

3. 부사절 구문

> 부사절구문이란 주절과 부사절이 연결되어 만들어진 구문이다.
> 부사절이란 주절의 명사를 수식하는 종속절로서 종속접속사를 통해 주절과 연결된다.
> 부사절에는 현재시제나 과거시제만을 쓸 수 있으며, 미래시제는 절대로 사용할 수 없다는 원칙이 있다.
> •부사절구문을 만드는 원리 : 주절+관계부사(또는 접속사)로 시작되는 부사절

- 부사절은 주절의 뒤에 올 수도 있고, 주절의 앞에 올 수도 있다.

　　(예1) 나는 8살 때에 초등학교에 들어갔다.

　　(영작1) I entered elementary school when I was 8 years old.

```
    I  |  entered  |  elementary school
         /when
      /  I  |  was  \  8 years old
```

　　(영작2) When I was 8 years old, I entered elementary school.

※ 종속접속사 when은 종속절을 부사절로 만들면서 동시에 주절과 종속절을 연결시키는 연결어의 구실을 한다.

※ (영작2)는 주절과 종속절이 도치된 문장이다. 이처럼 종속절(부사절)이 주절의 앞에 올 때에는 두 문장 사이에 컴머(,)를 둔다.

- 부사절은 절대로 미래시제를 쓸 수 없다.

(예2) 나는 <u>16살이 될 때</u>(부사절) 고등학교에 들어갈 거다. (3형식)
　　　주　　　　　　　　　　　　　　목　　　　　동

I will enter high school <u>when I am 16 years old</u>(부사절).
주 조　동　　　　목

※ 주절의 시제는 미래이지만, 부사절의 시제는 현재시제인 이유는 부사절에는 미래시제를 쓸 수 없기 때문이다.

📖 시간의 부사절

> as (~할 때), when (~할 때), while (~하는 동안에)

(예) 그녀는 <u>내가 내 이야기를 말했을 때</u>(부사절) 울었다. (1형식)
　　　주　　　　　　　　　　　　　　　　　　　　동

(영작1) She wept <u>as I told my story</u>(부사절).
　　　　주　　동

※ 위 문장은 다음과 같이 바꿔 쓸 수도 있다.
　· She wept when I told my story. (그녀는 내가 내 이야기를 할 때 울었다.)
　· She wept while I told my story. (그녀는 내가 내 이야기를 하는 동안에 울었다.)

☞ as는 when보다 동시성이 강하며 거의 while과 같은 의미로 쓰인다.

> as soon as (~하자마자), after (~후에)

(예) 나는 표를 끊자마자, 나는 그것을 너에게 보낼거다.

As soon as I get ticket, I will send it to you.

```
    I | will send | it
              \ to you
         / as soon as
        / I | get | ticket
```

※ as soon as는 '복합종속접속사'이다.
※ 위 문장은 주절의 동사가 미래시제임에도 불구하고, 종속절(부사절)의 동사는 현재시제를 쓰고 있음을 주시하라.
※ 위 문장은 다음과 같은 문장으로 바꾸어도 의미는 크게 바뀌지 않는다.

 · After I get ticket, I will send it to you.

- before (~전에)

(예) 나는 해가 뜨기 전에 일어났다.

I got up before the sun rose.

※ get up (일어나다)은 '복합동사'이다.

부사절 구문 | 125

- until (~할 때까지)

(예) 우리는 그들이 일자리를 찾을 때까지 그들을 후원할 것이다.
　　주　　　　부사절　　　　　　　　　목　　동

We will support them until they find work.
주 조　　동　　　목　　　부사절

☑ 익힘문제 33 (해답 127쪽)

❓ 다음 명사절 구문의 ( ) 안에 적당한 말을 넣으시오.

1. 너는 피곤할 때는 쉬어야 한다.

   You must rest (　　　) you get tired.

2. 나는 그녀를 만날 때까지 거기에 머물렀다.

   I stayed there (　　　) I met her.

📖 장소의 부사절

- where (~하는 곳에)

(예) Sit where you like. (네가 좋아하는 곳에 앉아라.)
　　　동　　부사절

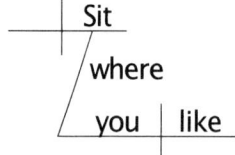

※ 주어 you가 생략된 명령문이다.
※ Sit wherever you like. (네가 좋아하는 곳은 어디든지 앉아라.)

📖 목적의 부사절

■ so that (~하기 위해)

(예) 그는 성공하기 위해 열심히 일했다.

He works hard so that he may succeed.

```
He | worked
      \ hard
       \ so that
        \ he | may succeed
```

※ so that 은 so 와 that 이라는 2개의 접속사가 합쳐서 만들어진 복합관계부사이다.
※ 목적의 부사절 so that에는 조동사 may나 would를 넣어야 한다.

☑ 익힘문제 34 (해답 129쪽)

❓ 다음 부사절 구문의 (   ) 안에 적당한 말을 넣으시오.

1. 당신이 가는 곳에 나는 따라 갈 겁니다.
   I will follow you (   ) you go.

2. 그는 겨울철에 춥지 않도록 하기위하여 따뜻한 옷을 입었다.
   He wore warm clothes (   ) he wouldn't be cold in winter.

☺ 해답 (익힘문제 33)

1. when   2. until

📖 원인의 부사절

- because (~ 때문에)

(예) We went to shopping because the weather was good.
(주) (동) (전구) (부사절)

(날씨가 좋기 때문에 우리는 쇼핑을 갔다.)

※ 위 문장은 종속절이 앞에 오는 도치된 문장으로 쓸 수도 있다.
· Because the weather was good, we went to shopping.

※ (예1)에서 because 앞에 콤머(,)가 오면 주절의 이유를 설명하는 계속적 용법이 된다.
· We went to shopping, because the weather was good.
(우리는 쇼핑을 갔는데 왜냐하면 날씨가 좋았기 때문이다.)

📖 결과의 부사절

- so ... that (너무 ... 해서 ~ 했다.)

(예1) 날씨가 너무 나빠서 (그 결과) 지각했다.
(주) (동) (보) (부사절)

The weather was so bad that I was late.
(주) (동) (보) (부사절)

※ so는 강조를 나타내는 부사이고, that은 결과를 나타내는 접속사이다.
· 위 문장은 "날씨가 너무(so) 나빴다, 그 결과(that) 나는 지각했다."의 의미이다.

☑ 익힘문제 35 (해답 131쪽)

❓ 다음 부사절 구문의 ( ) 안에 적당한 말을 넣으시오.

1. 비가 심하게 왔기 때문에 우리는 집에 머물렀다.
   We stayed at home (   ) it rained hard.
2. 그는 너무 흥분해 있어서 말을 할 수 없었다.
   He got (   ) excited (   ) he could not speak.

☺ 해답(익힘문제 34)

1. where   2. so that

📖 조건의 부사절

- if (만약 ~이라면)

(예) 만일 내일 비가 온다면, 나는 공원에 가지 않을거다.

If it rains tomorrow, I will not go to the park.

- unless (~하지 않는다면)

(예) 만일 몸 상태가 나아지지 않는다면 나는 내일 학교에 가지 않을거다.

I will not go to school tomorrow unless I feel better.
(주) (동) (전구) (부) (부사절)

※ 위 문장은 "I will not go to school if I don't feel better."와 같은 의미이다.

📖 양보의 부사절

- although (비록 ~일지라도)

(예) 그는 비록 늦었을지라도 학교에 갔다.
       (주) (부사절)   (전구) (동)

(영작1) Although he was late, he went to school.
        (부사절)   (주) (동) (전구)

※ 양보의 부사절 although는 문장의 앞에 오는 것이 원칙이다.

☑ 익힘문제 36 (해답 133쪽)

❓ 다음 부사절 구문의 ( ) 안에 적당한 말을 넣으시오.

1. 만일 게으르다면, 너는 시험에 떨어질 것이다.
   (   ) you are idle, you will fail in the exam.

2. 기차가 늦지 않는다면 나는 6시에 거기에 가게 될 것이다.
   I will be there at six (   ) the train is late.

3. 나는 비록 공부를 열심히 하지 않았을지라도 시험에서 좋은 성적을 얻었다.
   (   ) I didn't study hard, I won good mark in the exam.

☺ 해답(익힘문제 35)

1. because   2. so, that

📖 대조의 부사절

- while (반면에)

   (예) 그는 부자다, 반면에 그의 동생은 가난하다.

   (영작1) He is rich, while his brother is poor.
                                    부사절

```
  He  | is \ rich
      |
      | while
      |
        brother | is \ poor
        his
```

📖 비교의 부사절

- as (~처럼)

   (예) 로마에서는 로마인이 하는 것처럼 하라.
           전구   부사절   동

   Do in Rome as the Romans do.
   동   전구   부사절

부사절 구문 | 131

- as ... as (~처럼 ... 한)

    (예) He is as tall as I. (그는 나처럼 키가 크다.)

    ※ 위 문장에서 앞의 as는 부사이고, 뒤의 as는 접속사이다.
    ※ 위 문장은 He is as tall as I am tall.에서 am tall이 생략된 것이다.

- than (~보다)

    (예) He is taller than I. (그는 나보다 키가 크다.)

    ※ 위 문장은 He is as tall as I am tall.에서 am tall이 생략되었다.

- as if (마치 ~인 것처럼)

    (예) The child talks as if he were a man. (그 아이는 마치 어른인 것처럼 말한다.)

    ※ as if로 시작되는 부사절의 be동사는 항상 were를 사용한다.

☑ 익힘문제 37 (해답 133쪽)

❓ 다음 부사절 구문의 ( ) 안에 적당한 말을 넣으시오.

1. 그는 서있는 반면에, 그녀는 앉아있다.
   He is standing, (   ) she is sitting.

2. 내가 말한 것처럼 하라.
   Do (   ) I say.

3. 그는 마치 우리보다 더 나은 것처럼 행동한다.
   He behaves (   ) he were better than us.

4. 토끼는 거북이보다 빨리 달린다.
   A rabbit runs (   ) a turtle.

☺ 해답 (익힘문제 36)

1. If   2. unless   3. Although

☺ 해답 (익힘문제 37)

1. while   2. as   3. as if   4. faster than

부사절 구문 | 133

연습문제 11 (해답 165쪽)

다음을 국문을 영문으로 바꾸고 분해한 후 몇 형식인지를 밝히시오.

(예) 당신은 영어를 말할 때(부사절) 실수를 하나요?
　　　　주　　　　　　　　　　　목　　　동

Do you make mistake when you speak English? (3형식)
조　주　동　　목　　　　부사절

1. 당신은 피곤할 때(부사절) 쉬어야만 한다.　　*휴식하다: rest, 피곤한: tired
　　주　　　　　　　　　동

2. 네가 떠가기 전에(부사절) 내가 너를 볼 수 있을까?　　*떠나다: leave
　　　　　　　　　　　　주　목　　동

3. 회의가 끝났을 때까지(부사절) 나는 그것을 기억하지 못했다.　*기억하다: remember
　　　　　　　　　　　　　　주　　목　　　　동　　　　　회의가 끝났다: meeting was over

4. 그들은 이기기 위해(부사절) 애쓰고 있다.　　*애쓰다: strive, 이기다: win
　　주　　　　　　　　　　동

5. 우리는 폭풍우가 왔기 때문에(부사절) 출발할 수 없다.　*폭풍우가 왔다: the storm has come
　　주　　　　　　　　　　　　　동

6. 그녀는 너무 놀라서(부사절) 기절했다.　*놀랐다: was frightened, 기절하다: faint
　　주　　　　　　　　　동

7. 비록 너는 그것을 좋아하지 않을지라도 너는 그것을 해야 한다.

8. 그는 스포츠를 좋아한다, 반면에 나는 음악을 좋아한다.   *음악: music

9. 우리가 하는 것처럼 하라.

10. 그는 나처럼 (그렇게) 나이가 들지 않았다.

11. 나는 너보다 그를 더 잘 안다.

12. 그는 마치 선생님인 것처럼 말한다.

10 종속구 구문 (부정사구문, 동명사구문, 분사구문)

> 종속구 구문은 종속절 구문을 간추려 놓은 것으로 보면 이해가 쉽다.
> 명사절, 형용사절, 부사절 구문의 형태가 길어지므로 이를 간략하게 줄여놓은 것이 부정사, 동명사, 분사구문이다.
> 영어에서 종속절 구문보다 종속구 구문이 더 많이 쓰이는 데, 그 이유는 표현을 간결하게 할 수 있기 때문이다.

📖 부정사, 동명사, 분사구문의 공통점과 차이점

부정사와 동명사 그리고 분사의 공통점은 동사이면서 다른 품사의 역할을 한다는 것이며, 차이점은 부정사는 명사, 형용사, 부사의 역할을 하고, 동명사는 명사의 역할만을 하고, 분사구문은 형용사와 부사의 역할을 한다는 것이다.

1. 부정사 구문

부정사구문은 부정사를 통해 주절과 관계를 맺는 구문을 말한다. 부정사에는 명사 역할을 하는 부정사, 형용사 역할을 하는 부정사, 그리고 부사 역할을 하는 부정사가 있다.

■ 명사 역할을 하는 부정사

① 주어로 쓰일 때

    (예1) <u>영어를 배우는 것은</u> 어렵지 않다.
           부정사(주)   보   be동

(영작1) <u>To learn English</u> <u>is not</u> <u>difficult</u>.
　　　　　부정사(주)　　　동　　보

※ 명사 역할을 하는 부정사가 주절에서 주어로 쓰인다.

(영작2) <u>It</u> <u>is not</u> <u>difficult</u> <u>to learn English</u>.
　　　　가주　동　　보　　　부정사(진주어)

```
 It  |  is  \ difficult
     |  not
     |
     | to learn | English
```

※ 주어로 쓰인 to 부정사가 너무 길므로 가주어 it을 사용하고 to 부정사는 뒤로 보냈다.

② 목적어로 쓰일 때

(예1) <u>나는</u> <u>영어를 잘 말하기를</u> <u>원한다</u>.
　　　주　　　부정사(목)　　　　동

　　　I want <u>to speak English well</u>.
　　　주 동　　　부정사(목)

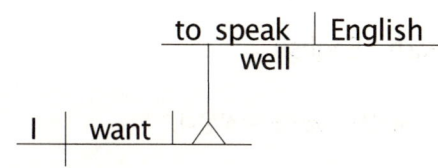

※ 명사 역할을 하는 부정사가 주절에서 목적어의 역할을 한다.

(예2) <u>나는</u> <u>영어를 잘 말하는 것이</u> <u>쉽다는 것을</u> <u>알았다</u>.
　　　주　　부정사(목)　　　　목보　　　　동

　　　I found it easy <u>to speak English well</u>.
　　　주 동 가목 목보　　부정사(진목)

※ 목적어로 쓰인 to 부정사가 너무 길므로 가주어 it을 사용하고 to 부정사는 뒤로 보냈다.

부정사 구문 | 137

③ 보어로 쓰일 때

　　(예) 나의 꿈은 <u>유명한 아티스트가 되는 것이다</u>.
　　　　　주　　　　　부정사(보어)　　　　　be동

　　　　My dream is to be a famous artist.
　　　　　주　　be동　　　부정사(보어)

　　※ 명사 역할을 하는 부정사가 주절에서 보어로 쓰인다.

■ 형용사 역할을 하는 부정사

① 수식어로 쓰일 때

　　(예) 연습은 <u>영어를 배우기 위한</u> <u>유일한 방법</u>이다.
　　　　　　　　부정사(형용사)　　　　　　　
　　　　　주　　　　　　　　　　　　　　　보　　동

　　　　Practice is the only way to learn English.
　　　　　주　　동　　보　　　　부정사(형용사)

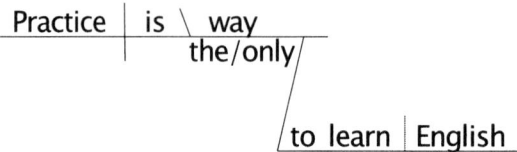

　　※ 형용사 역할을 하는 부정사가 주절의 보어(명사) way를 수식한다.

② 서술형으로 쓰일 때

　　(예) 그녀는 행복해 보인다.
　　　　　주　부정사(보)　동

　　　　She seems to be happy.
　　　　　주　　동　　부정사(보)

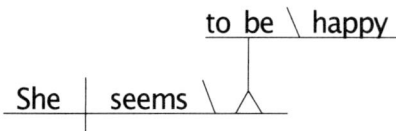

※ 부정사구문이 서술형 형용사의 기능을 하며 주절의 보어로 쓰인다.
※ 위 예문은 to be를 생략할 수 있다: She seems happy. (2형식)

▪ 부사 역할을 하는 부정사

부사용 부정사는 목적이나 원인 등의 의미를 나타내는데 사용된다.

① 목적

(예) 그는 나를 보기 위하여 여기에 왔다.
　　 주　　　 부정사(부)　　 부　　 동

He came here to see me.
주　동　　부　　부정사(부)

```
  He | came
     | here /
         / to see | me
```

※ 목적을 나타내는 부정사에는 to 대신에 in order to를 일반적으로 사용한다.
  · He came here in order to see me.

② 원인 / 이유

(예) 나는 너를 보니까 기쁘다.
　　 주　　부정사(부)　 보 동

I am glad to see you.
주 동 보　부정사(부)

```
  I | am \ glad
           / to see you
```

> ☑ 익힘문제 38 (해답 143쪽)
>
> ❓ 다음 부정사구문의 (　) 안에 적당한 말을 넣으시오.
>
> 1. 이 책을 읽는 것은 쉽지 않다.
>   (　　　　　) this book is not easy.
>
> 2. 나는 해야 할 아무것도 없다.
>   I have nothing (　　　).
>
> 3. 그것을 들으니 유감이다. / I am sorry (　　　　) that.

■ 원형부정사

부정사에 to가 없는 경우를 가리켜 '원형부정사'라고 한다. 원형부정사는 지각동사 또는 사역동사의 목적보어로 쓰인다.

① 지각동사와 함께 쓰이는 원형부정사

지각동사는 시각, 청각, 감각, 미각, 후각에 관한 동사를 말한다. 지각동사에는 다음과 같은 것들이 있다.

> see (보다), watch (지켜보다), observe (관찰하다), notice (주시하다)
> look at (바라보다), hear (듣다), feel (느끼다), smell (냄새 맡다), listen to (듣다)

(예1) 나는 그가 <u>친구와 이야기하는 것을</u> 들었다. (5형식)
　　　주　목　　　　목보(부정사)　　　동

　　　I heard him <u>talk with his friend</u>.
　　　주　동　목　　목보(부정사)

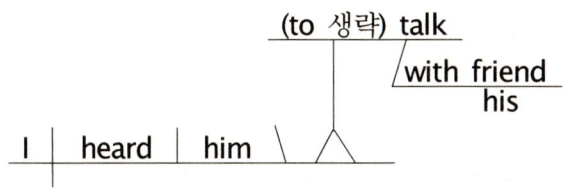

※ 일반적으로 지각동사와 함께 쓰이는 원형부정사는 "주어+지각동사+목적어+목적보어(동사원형)"의 형태를 띤다.

(예3) 나는 그가 어떤 사람에 의해 맞는 것을 보았다. (5형식)
　　　주　목　　　　목보(부정사)　　　　　동

I saw him beaten by a man.
주 동 목　　목보(부정사)

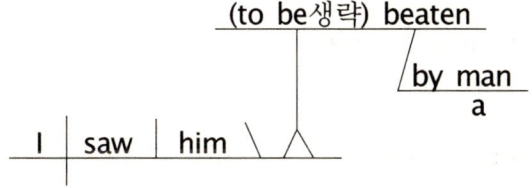

※ 원형부정사에서 부정사의 동사가 피동의 상태를 나타낼 때에는 동사원형 대신에 과거분사를 사용한다.
※ 위 문장을 현재분사를 원형부정사로 갖는 문장과 비교해 보면 그 차이를 분명히 알 수 있다.
　·I saw him beating a man. (나는 그가 어떤 사람을 때리고 있는 것을 보았다.)

② 사역동사와 함께 쓰이는 원형부정사

사역동사란 행동의 주체가 자발적으로 행동하지 못하고 다른 사람이나 사물의 시킴에 의해 행하는 동사를 말한다. 사역동사에는 다음과 같은 것들이 있다.

---

let (~하게 하다),　make (~하게 하다),　have (~하게 하다)
get (~하게 하다),　help (~하게 돕다)

부정사 구문 | 141

(예1) 나는 친구에게 내 자전거를 빌려가라고 했다. (5형식)
  주   목   목보(부정사)   동

I let my friend borrow my bicycle.
 주 동   목   목보(부정사)

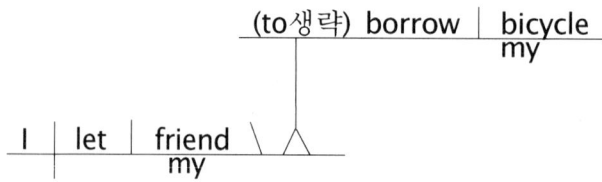

(예2) 당신은 내가 이 상자를 운반하도록 도와주시겠습니까? (5형식)
   주   목   목보(부정사)   동

Will you help me carry this box?.
 조 주   동 목   목보(부정사)

※ 일반적으로 사역동사와 함께 쓰이는 원형부정사는 "주어+사역동사+목적어+동사원형"의 형태를 띤다.

(예3) 그들은 내게 집을 칠하라고 시켰다. (5형식)
   주   목   목보(부정사)   동

They get me to paint the house.
 주   동 목   목보(부정사)

※ 위 문장은 make와 have가 사용되는 원형부정사로 바꿀 수 있다.
  · They made me paint the house.
  · They had me paint the house.

※ 사역동사 get을 쓸 때에는 원형부정사가 아니라 to 부정사가 온다는 점을 유의하라.

(예4) 나는 시계를 수리했다(수리되도록 시켰다).
   주   목   목보(부정사)   동

I had my watch mended.
주 동   목   목보(부정사)

(to be생략) mended
I | had | watch
         my

※ 위 문장을 직역하면 "나는 내 시계가 수리되게 시켰다."이다.
※ 원형부정사의 동사를 동사원형 대신에 과거분사가 오는 이유는 부정사의 의미상 주어인 watch가 무생물이기 때문이다. 아래 구문들도 같은 형태이다.

· I will have my photo taken. (나는 증명사진을 찍을 것이다.)
· I got my hair cut. (나는 머리를 깎았다.)
· I had my watch stolen. (나는 시계를 도둑 맞았다.)

☑ 익힘문제 39 (해답 147쪽)

❓ 다음 부정사구문의 ( ) 안에 적당한 말을 넣으시오.

1. 선생님은 책을 그에게 돌려 줄 것을 내게 명령했다.
   The teacher ordered (   ) return him the book.

2. 나는 그가 경기에서 이기는 것을 전혀 본 적이 없다.
   I never saw him (   ) in the game.

3. 어머니는 내가 학교에 가도록 했다.
   My mother let me (   ) to school.

☺ 해답(익힘문제 38)

1. To read   2. to do   3. to hear

2. 동명사 구문

동명사란 문자 그대로 동사이면서 명사 노릇을 하는 것을 말하며, 동사에 ~ing 형태를 취하여 만든다. 동명사구문이란 동명사를 포함하는 문장을 말하며, 동명사는 문장 중에서 주어, 목적어, 보어, 전치사의 목적어 등 일반적으로 명사가 하는 역할을 한다.

■ 동명사의 일반적 형태

① 주어로 쓰일 때

(예) 그림 그리기는 재미있다.
　　　주(동명사)　　보　동

　　Drawing picture is fun.
　　　주(동명사)　　동　보

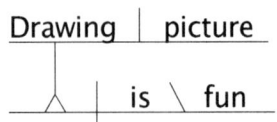

② 목적어로 쓰일 때

(예) 나는 그림 그리기를 즐긴다.
　　　주　목(동명사)　　동

　　I enjoy drawing picture.
　　주　동　　목(동명사)

③ 보어로 쓰일 때

(예) 나의 취미는 그림그리기이다.
　　　주　　보(동명사)　동

　　My hobby is drawing picture.
　　　주　　동　보(동명사)

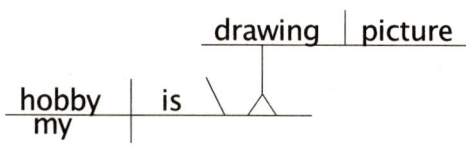

④ 전치사의 목적어로 쓰일 때

(예1) 나는 그림그리기에 흥미있다.

I am interested in drawing picture.

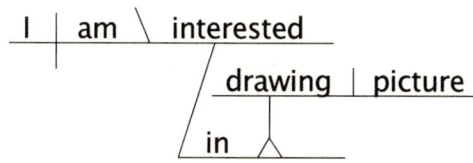

(예2) 눈이 내가 외출하는 것으로부터 막았다.

The snow prevented me from going out.

※ prevent+목적어+from ~ing는 숙어로 외워야 한다.

▪ 동명사의 의미상 주어

① 의미상 주어가 문장의 주어와 같을 경우

(예) I enjoy drawing picture. (나는 그림 그리기를 좋아한다.)

※ 위 문장은 I enjoy that I draw picture.와 같은 문장이다.

② 의미상 주어가 문장의 주어와 다를 경우

(예) I am sure of your passing the exam. (나는 네가 시험에 합격할 것을 확신한다.)
　　주　동　　　　목(동명사)

※ 동명사 앞에 소유격 대명사 your를 사용한 것을 유의하라.

■ **자주 쓰이는 동명사의 특별용법 18** (꼭 외울 것 ^^)

---

go ~ing (~하러 가다), be busy ~ing (~하느라 바쁘다)

be worth ~ing (~할 가치가 있다), It is no use ~ing (~해야 소용없다)

feel like ~ing (~하고 싶은 기분이다)

keep on ~ing (계속해서 ~ 하다),

prevent (keep) ... from ~ing (... 가 ~을 못하게 하다)

give up ~ing (~하는 것을 포기하다)

How (또는 what) about ~ing? (~하는 것이 어떠냐?)

have a good time ~ing (~하면서 재미있게 보내다)

have a hard time ~ing (~하면서 힘들게 보내다)

🔖 예문

- I will go shopping today. (나는 오늘 쇼핑을 갈거다).
- He is busy preparing for exam. (그는 시험을 준비하느라 바쁘다.)
- The novel is worth reading. (그 소설은 읽을 가치가 있다.)
- It is no use talking to him. (그에게 말해도 소용이 없다.)
- I feel like going out for a walk. (나는 산책을 하고 싶은 기분이다.)
- We keep on discussing for 2 hours. (우리는 2시간 동안 논쟁을 계속했다.)
- She prevented(kept) him from drinking. (그녀는 그가 술 마시는 것을 금했다.)
- I give up doing my homework. (나는 숙제하는 것을 포기했다.)
- How about going to the movies? (영화 보러 가는 것이 어떠냐?)
- We had a good time playing baseball. (우리는 야구를 하면서 재미있게 보냈다.)

☑ 익힘문제 40 (해답 152쪽)

❓ 다음 동명사구문의 ( ) 안에 적당한 말을 넣으시오.

1. 잠자기는 인간 생활의 한 중요한 부분이다.
   (   ) is an important part of human life.

2. 산책하러 밖에 나가는 것이 어떻겠습니까?
   How (   ) out for a walk?

3. 나의 취미는 책 읽기이다.
   My hobby is (   ) books.

☺ 해답 (익힘문제 39)

   1. me to   2. win   3. go

3. 분사 구문

분사는 동사이지만 형용사의 기능을 하는 것을 말하며, 분사구문은 분사를 이용해서 부사절을 부사구로 만드는 것을 말한다.

■ 형용사로 쓰이는 분사구문

형용사로 쓰이는 분사구문은 현재분사(동사+ing)와 과거분사(동사+ed)가 있다.
현재분사는 능동의 의미를 가지며, 과거분사는 수동의 의미를 가진다.

① 현재분사구문

(예1) 잠자고 있는 아이는 그녀의 아들이다.
         현재분사(형)
              주   보   be동

　　　　　　현재분사(형)
　　The sleeping child is her son.
　　　　　　　　주　동　　보

```
      child | is \ son
       the /      her
          /sleeping
```

※ sleeping은 현재진행의 의미를 가진 현재분사로서 명사 child를 수식하는 형용사 역할을 한다.

(예2) 방에서 잠자고 있는 아이는 그녀의 아들이다.
　　　　　　　　주　　　　　보　동

　　　　　　현재분사(형)
　　The child sleeping in the room is her son.
　　　　주　　　　　　　　　　　동　　보

```
      child  | is \ son
        /sleeping  her
        the /
           /in room
              the
```

※ 위 문장은 The child who is sleeping in the room is her son.의 형용사절구문에서 who is가 생략된 문장이다.

(예4) 나는 그녀가 거리를 걷고 있는 것을 보았다.
　　　주　목　　목보(현재분사)　　　동

　　I saw her walking in the street.
　　주　동　목　　목보(현재분사구문)

```
                walking
                /in street
                    the
      I | saw | her \
```

※ 현재분사구문은 문장 중에서 목적격보어의 역할을 한다.
※ 현재분사가 목적격 보어의 역할을 할 때에는 지각동사에 사용되며, to be가 생략된 원형부정사의 형태를 띤다.
· I saw her (to be) walking in the street.

② 과거분사구문

(예1) 나는 중고(사용된) 차를 샀다.
　　　주　　과거분사　　목　동

I bought a used car.
주　동　　과거분사　목

(예2) 그것은 한국에서 만든 컴퓨터이다.
　　　주　　　과거분사구문　　　보　동

It is a computer made in Korea.
주 동　　보　　과거분사구문

```
 It | is \ computer
         \   a   /
          \ made /
           \ in Korea /
```

※ 위 문장은 "It is a computer which was made in Korea."에서 "which was"가 생략된 문장이다.

(예3) 너는 피곤해 보인다.
　　　주　보(과거분사)　동

You look tired.
주　동　보(과거분사)

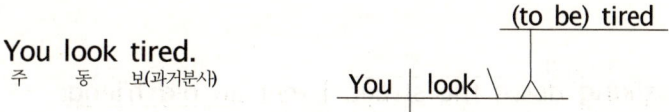

※ 위 문장에서 과거분사 tired는 서술적 형용사로서 문장 중에서 주격보어로 쓰인다.

분사 구문 | 149

※ 과거분사가 주격 보어의 역할을 할 때는 지각동사(또는 사역동사)에 사용되며 to be가 생략된 원형부정사의 형태를 띤다.
※ look은 연결동사이다.

(예4) 나는 내 이름이 불려지는 것을 결코 듣지 못했다.
　　　주　　목　　　목보(과거분사)　　　　동

I never heard my name called.
주　　　동　　　목　　목보(과거분사)

I	heard	name \ called
	never	my

※ 위 문장에서 과거분사 called는 목적격보어의 역할을 한다.
※ 과거분사가 목적격 보어의 역할을 할 때는 지각동사(또는 사역동사)에 사용되며 to be가 생략된 원형부정사의 형태를 띤다.
· He had his wallet stolen. (그는 지갑을 도난당했다.)

■ 부사절을 대신하는 분사구문

부사절을 대신하는 분사구문은 부사절의 '접속사+주어'가 생략되고 동사가 분사(현재분사 또는 과거분사)로 바뀐 구문을 말한다. 원칙적으로 모든 부사절에 가능하지만 실제로는 주로 시간의 부사절이나 원인의 부사절에 쓰인다.

① 시간의 부사절을 대신하는 분사구문

(예2) 거리를 걷다가, 나는 옛 친구를 만났다.
　　　　분사구문(부)　　　　주　　목　　동

(영작1) While walking down the street, I met an old friend.
　　　　　　　　분사구(부)　　　　　　　　　주　동　　　목

                    분사구(부)
(영작2) Walking down the street, I met an old friend.   ☞ 주로 사용
         주   동   목

※ 위 문장의 원래 형태는 While I walked down the street, I met an old friend.이다.
   여기서 동사 walked가 현재분사형태로 바뀌어 walking이 되었다.

※ 일반적으로 분사구문에서 접속사는 없애는 것이 원칙이다. (분사구문은 문장을 간편하게 하기 위해 쓰기 때문에)
   그러나 접속사가 없어서 문장의 의미가 분명치 않을 때는 접속사를 살려두어야 한다.

              분사구문(부)
(예3) 메리를 처음 만났을 때, 나는 그녀를 사랑했다.
             주   목   동

                분사구문(부)
        Meeting Mary first time, I loved her.
           주   동   목

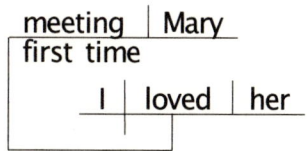

※ 위 문장은 원래 형태는 When I met Mary first time, I loved her.이다.
※ 일반적으로 시간의 부사절에 접속사 while이나 when이 오는 문장을 분사구문으로 바꿀 때에는 전치사를 생략한다.

② 원인의 부사절을 대신하는 분사구문

              분사구문   부
(예1) 침대에 평화롭게 누워있었기 때문에, 나는 곧 근심을 잊어버렸다.
                                    주   목   동

            분사구문
     Lying in my bed in piece, I soon forgot my troubles.
                              주   동   목

※ 위 문장의 본래 형태는 Because I lied on my bed in piece, I soon forgot my troubles.이다.
   "because I lied"가 Lying으로 바뀌었다.

(예2) 차를 살 수 없어 때문에, 나는 자전거를 샀다.
　　　　　　분사구

(영작1) <u>Being unable to buy a car</u>, I bought a bicycle.
　　　　　　분사구문

(영작2) <u>Unable to buy a car</u>, I bought a bicycle.
　　　　　　분사구문

※ 위 문장의 본래 형태는 Because I was unable to buy a car, I bought a bicycle.이다.

※ 위 문장처럼 부사절이 be동사의 형태로 된 구문에서는 주어를 생략하고 be동사를 being으로 전환한 분사구문의 형태로 바꿀 수 있으며, 또한 주어와 be동사 모두를 생략한 분사구문의 형태로 바꿀 수도 있다.

☑ 익힘문제 41 (해답 152쪽)

❓ 다음 분사구문의 (　) 안에 적당한 말을 넣으시오.

1. 뛰어가고 있는 소년을 보라.
　　Look at the (　　　　) boy.

2. 공원 안에서 걷다가 나는 친구를 만났다.
　　(　　　　) in the park, I met my friend.

3. 공부를 열심히 했기 때문에 나는 그 시험에 합격하였다.
　　(　　　　) hard, I passed the exam.

☺ 해답 (익힘문제 40)
　　1. Sleeping　　2. about going　　3. reading

☺ 해답 (익힘문제 41)
　　1. running　　2. Walking　　3. Studying

연습문제 12 (해답 165쪽)

다음을 국문을 영문으로 바꾸고 분해하시오.

(예) 이 책을 읽는 것은 쉽지 않다.
　　　부정사(주)　　　　　보　동

　　　To read this book is not easy.
　　　　부정사(주)　　　　동　보

1. 최상의 방법은 그녀를 돕는 것이다.　　*최상의 방법: the best way
　　　주　　　　보(부정사)　　동

2. 나는 우표를 수집하는 것을 좋아한다.　　*수집하다: collect, 우표: stamp
　　주　　　목(부정사)　　　　　동

　　　　　　부정사(형)
3. 나는 오늘 해야 할 많은 숙제를 가지고 있다.　　*숙제: homework, 많은: a lot of
　　주　　　　　　　목　　　　동

　　　　부정사(부)
4. 나는 그가 친절하다고 생각한다.　　*친절한: kind
　　주　　　　　　　　동

　　부정사(부)　부
5. 일하기에는 너무 덥다.　　*더운: hot
　　　　　　　보

6. 어린 소녀는 아버지에게 인형을 사달라고 요청했다.   *요청하다: ask, 인형: doll
   주   간목   직목(부정사)   동   어린 소녀: little girl

7. 나는 아버지가 욕실에서 노래하고 있는 것을 들었다.   *욕실: bathroom
   주   목   목보(부정사)   동

8. 어머니는 내게 방을 청소하라고 시켰다.   *청소하다: clean
   주   목   목보   동

9. 나는 머리를 자를(자르게 할) 것이다.   *머리: hair, 자르다: cut
   주   목   목보   동

10. TV를 보는 것은 재미있다.   *재미있는: fun
    주(동명사)   보 be동

11. 우리는 소풍 가는 것에 대해 이야기했다.   *이야기하다: talk, 소풍가다: go on a picnic
    주   전+동명사   동

12. 너는 내가 거기 가는 것을 막을 수 없다.
    주   목(동명사)   동

13. 그녀는 나에게 그녀와 함께 등산 갈 것을 요청했다.   *등산가다: clime mountain
    주   간목   직목(동명사)   동

14. 나는 접시를 닦느라 고생을 하였다.   *접시 닦다: wash dish
    주 전구+동명사 목 동

15. 혼자서 책을 읽고 있는 소년은 내 조카이다.   *혼자서: by himself, 조카: cousin
       분사구문   주 보 be동

16. 나는 그녀가 피아노를 치고 있는 것을 들었다.
    주 목   목보(분사구)   동

17. 나는 영어로 쓰인 편지를 받았다.   *편지를 받았다: got a letter
    주 분사구(형)   목 동

18. 아프기 때문에 그녀는 학교에 결석했다.   *아픈: sick, 결석했다: was absent from
    분사구(부) 전구
              주   동

19. 할머니를 만났을 때, 나는 그녀를 껴안았다.   *껴안다: hug, 할머니: grandmother
    분사구문(부)   주 목 동

20. 미국에 머무르는 동안, 나는 영어를 열심히 공부했다.   *머물다: stay, 미국: the United States
    분사구문(부)   주 목 부사 동

분사 구문 | 155

11 연결어 구문

영어에는 주절과 종속절을 연결하는 접속사는 아니지만, 이와 비슷한 방법으로 두 개의 서로 다른 단어나 문장을 연결하는 연결어가 많이 있다.

📖 두 단어나 두 문장을 연결할 때 쓰는 연결어

① and (와, 그리고)

(예1) 소년과 소녀는 산책하러 갔다.

The boy and girl went for a walk.

※ the boy and the girl에서 the가 중복되므로 girl 앞에 the를 생략하였다.

(예2) 나는 숙제를 했다 그리고 산책하러 갔다.

I did my homework and went for a walk.

※ 접속사 and를 통해 (예1)은 두 단어가 연결되었으며, (예2)는 두 구문이 연결되었다.
※ I가 중복되므로 접속사 and 뒤의 I는 생략하였다.

② both A and B (A와 B 모두)

(예3) 그녀와 그녀의 여동생은 모두 피아노를 칠 수 있다.

Both she and her sister can play the piano.

(예4) 그녀는 예쁘기도 하고 친절하기도 하다.

She is both beautiful and kind.

(예5) 나는 요리도 할 수 있고 바느질도 할 수 있다.

I can both cook and sew.

※ (예3)은 "both ~ and ..."를 통해 두 명사가 연결되었고, (예4)는 두 형용사가 연결되었고, (예5)는 두 동사가 연결되었다.

③ or (또는)

(예) 커피나 또는 차를 드시겠습니까?

Would you like coffee or tea?

④ either A or B (A거나 그렇지 않으면 B)

(예) 미안하다고 말하거나 그렇지 않으면 나가라.

Either say you are sorry or get out.

⑤ neither A nor B (A도 B도 아닌)

(예) 나는 돈도 직업도 없다.

I have neither money nor job.

⑥ but (그러나)

(예1) 그것은 싸다. 그러나 그것은 매우 좋다.

It's cheap, but it's very good.

(예2) 그것은 싸지만 매우 좋다.

It's cheap but very good.

※ (예2)는 (예1)을 간추린 문장이다.
※ (예1)처럼 온전한 두 문장을 접속어로 연결할 때는 접속사 앞에 콤머(,)를 붙이고, (예2)처럼 생략된 문장을 접속어로 연결할 때는 접속사 앞에 콤머(,)를 붙이지 않는다.

⑦ not only but also (A뿐만 아니라 B도 역시)

(예1) 그녀는 예쁠 뿐 아니라 친절하기도 하다.

She is not only beautiful but also kind.

(예2) 너뿐 아니라 나도 잘못했다.

Not only you but also I am wrong.

⑧ nevertheless, however (그럼에도 불구하고)

(예) 그는 심한 감기에 걸렸지만 그럼에도 불구하고 학교에 갔다.

He had a bad cold. Nevertheless, he went to school.

He had a bad cold. However, he went to school.

⑨ on the other hand (반면에)

(예) 그는 부자다. 반면에 그의 동생은 가난하다.

He is rich. On the other hand, his brother is poor.

☑ 익힘문제 42 (해답 160쪽)

❓ 다음 연결어구문의 ( ) 안에 적당한 말을 넣으시오.

1. 그와 그의 동생은 모두 테니스를 칠 수 있다.
   (   ) he (   ) his brother can play tennis.

2. 그는 멋있을 뿐 아니라 지적하기도 하다.
   He is (   ) handsome (   ) intelligent.

3. 그는 건강하다. 반면에 그의 동생은 몸이 약하다.
   He is health. (   ) his brother is weak.

📖 원인, 결과, 조건을 나타낼 때 쓰는 연결어

① so (그래서)

  (예) 날씨가 안 좋았다. 그래서 나는 늦었다.

  The weather was bad, so I was late.

② otherwise (그렇지 않으면)

  (예) 열심히 공부하라. 그렇지 않으면 시험에 떨어질 것이다.

  Study hard. Otherwise, you will fail the exam.

③ lest (~하지 않도록)

  (예) 시험에 떨어지지 않도록 열심히 공부해라.

Study hard lest you (should) fail the exam.

※ 영국영어에서는 should를 쓰지만, 일반적인 미국영어에서는 should를 생략하고 동사원형이 온다.

☑ 익힘문제 43 (해답 160쪽)

❓ 다음 연결어구문의 ( ) 안에 적당한 말을 넣으시오.

1. 날씨가 추웠다. 그래서 나는 독감에 걸렸다.
   The weather is cold, (   ) I have a bad cold.

2. 건강을 잃지 않도록 운동하라.
   Exercise yourself (   ) you lose your health.

☺ 해답(익힘문제 42)

1. Both, and   2. not only, but also   3. On the other hand,

☺ 해답(익힘문제 43)

1. so   2. lest

✎ 연습문제 13 (해답 166쪽)

다음 국문을 주어진 연결어를 사용하여 영문으로 바꾸시오.

(예) 그는 한 잔의 물을 마셨다. 그러나 그는 아직도 목마르다.

He drank a glass of water, but he is still thirsty.

1. 나와 내 동생은 모두 어머니를 열심히 돕는다.   *열심히: hard

2. 날씨가 추웠다. 그래서 나는 독감에 걸렸다.   *독감: bad cold

3. 그는 전혀 공부를 하지 않았지만 시험에 합격했다.   *합격하다: pass

4. 나는 몹시 피곤하다. 그럼에도 불구하고 나는 공부를 더 해야만 한다. (however 사용)

5. 지금 해라. 그렇지 않으면 너무 늦을 것이다.   *늦은: late

연습문제 해답

연습문제 1

(1) The teacher loves us.
　　형(관)　명　　동　대

(2) I finished my work.
　 대　　동　　대　명

(3) I watched a movie on television.
　 대　　동　　형　명　전　　명

(4) I read the Bible everyday.
　 대　동　형　　명　　　부

(5) Look! He is the hero.
　　감　　대 동 형　명

(6) Minho and his friend study hard.
　　　명　 접　대　　명　　동　　부

(7) We went to shopping because the weather
　　대　동　전　　명　　　접　　형　　　명
　　was good.
　　동　　형

(8) He asked me where I lived.
　 대　　동　 목　부　대　동

(9) She is a beautiful girl and he is a handsome boy.
　 대　동　형　　형　　명　접　대 동 형　　형　　명

(10) John always go to school with his brother.
　　　명　　부　　동　전　　명　　전　대　　명

연습문제 2-A

(1) I always exercise. (1형식)
　 주　　보　　　동

```
 I  | exercise
    | always
```

나는 항상 운동한다.

(2) I study English everyday. (3형식)
　 주　동　　목　　　부

```
 I | study | English
   |everyday
```

나는 매일 영어를 공부한다.

(3) This flower smells good. (2형식)
　　　　주　　　　동　　보

```
 flower | smells \ good
 this   |
```

이 꽃은 냄새가 좋다.

(4) She made her daughter an apple pie. (4형식)
　　주　동　　간목　　　　직목

```
 she | made | daughter | apple pie
     |      | her      | an
```

그녀는 딸에게 사과파이를 만들어주었다.

(5) The dog runs fast. (1형식)
　　　주　　　동　부

```
 dog | runs
 the | fast
```

그 개는 빨리 달린다.

(6) They named their baby John. (5형식)
　　　주　　　동　　　목　　목보

```
 they | named | baby \ John
      |       | their
```

그들은 그들의 아기를 존이라고 이름지었다.

(7) This sofa is soft. (2형식)
　　　주　　동　보

```
 sofa | is \ soft
 this |
```

그 소파는 부드럽다.

(8) Show me your picture. (4형식)
　　동　간목　　직목

```
 show | me | picture
      |    | your
```

네 사진을 내게 보여다오.

(9) He set the bird free. (5형식)
　 주　동　　목　　목보

```
 He | set | bird \ free
    |     | the
```

그는 그 새를 자유롭게 해주었다.

(10) Everybody looked at him. (3형식)
　　　　 주　　　 복동　 목

　　Everybody | looked at | him

모든 사람이 그를 쳐다 보았다.

연습문제 2-B

(1) I worked hard yesterday. (1형식)
　　주　동　 부　　 부

(2) He looks like my uncle. (3형식)
　　주　 복동　　 목

(3) I returned him the book. (4형식)
　　주　 동　　 간목　 직목

(4) She smiled a bright smile. (3형식)
　　주　 동　　 목

(5) You are a brave soldier. (2형식)
　　주　 동　　 보

(6) I think him a doctor. (5형식)
　　주　 동　 목　 목보

(7) He looks healthy. (2형식)
　　주　 동　　 보

(8) He painted the wall white. (5형식)
　　주　 동　　 목　　 목보

(9) I play tennis everyday. (3형식)
　　주　동　 목　　 부

(10) My mother gave me a vision. (4형식)
　　　주　　 동　 간목　 직목

연습문제 3

(1) A cloud is over the mountain. (1형식)
　　주　 동　　 전구

(2) She stands by(beside) the door. (1형식)
　　주　 동　　 전구

(3) I will come back in July. (1형식)
　　주　 동　 부　 전구

(4) I will study until 9 tonight. (1형식)
　　주　 동　　 전구　 부

(5) He studied English in London for 4 years. (3형식)
　　주　 동　　 목　 전구　　 전구

(6) Boys ran around the playground. (1형식)
　　주　 동　　 전구

(7) The book on the desk is mine. (2형식)
　　　주　　 전구　　 동　 보

(8) I went into the wood. (1형식)
　　주　동　 전구

(9) Success comes after effort. (1형식)
　　주　 동　　 전구

(10) We gave thanks to our teacher. (3형식)
　　　주　 동　 목　　 전구

연습문제 4

(1) the, the　(2) 무관사　(3) 무관사　(4) 무관사

(5) the　(6) a, a　(7) 무관사, the　(8) an

(9) the, the　(10) 무관사, 무관사

연습문제 5

(1) I study everyday.
　　주　동　 부

(2) I watched TV last night.
　　주　 동　 목　 부구

(3) I will go on a picnic tomorrow.
　　주　 동　　 전구　　 부

(4) He is sleeping now.
　　주　　 동　　 부

(5) I was sleeping at 9 last night.
　　주　　 동　　 목　 복부

(6) I will be studying at 9 tomorrow night.
　　주　　 동　　 전구　 복부

(7) I have not read the novel.
　　주　　 동　　 목

(8) I had studied until 9 last night.
　　주　　 동　　 전구　 복부

(9) I will have finished my homework by tomorrow.
　　주　　 동　　 목　　 전구

연습문제 6

(1) Did you stay here? (1형식)
　　조　 주　 동　 부

(2) Will you stay here? (1형식)
　　조　 주　 동　 부

(3) Can you stay here? (3형식)
　　조　 주　 동　 부

(4) When will you go to Pusan? (2형식)

(5) What is wrong? (2형식)

(6) What do you do on Sunday? (3형식)

(7) How long did you travel?. (2형식)

(8) Which country will you visit? (3형식)

(9) I do not remember her. (3형식)

(10) I never agree your opinion. (3형식)

연습문제 7

(1) I will be invited to the party.

(2) Her secret is being told by her.

(3) Was the army surrounded by the enemy?

(4) When was the radio invented by Edison?

(5) The teacher was asked a question by students.

연습문제 8

(1) I can go to the meeting. (1형식)

(2) He may be at school. (1형식)

(3) Why do you have to go? (1형식)

(4) You must not play the computer game. (3형식)

(5) You had better clean your room right now. (3형식)

(6) In my childhood, I would swim everyday. (1형식)

(7) She use to live in the United States. (1형식)

(8) Shall we leave at 7? (1형식)

(9) May I help you? (3형식)

(10) Could you pass me the book? (4형식)

(11) Would you pray for me?

(12) I am going to ask you.

연습문제 9

(1) I don't know what time it is now. (3형식)

(2) I don't know who lives with you. (3형식)

(3) I don't know where he lives now. (3형식)

(4) I didn't know which was better. (3형식)

(5) Why they left the country is a secret. (2형식)

(6) I know what color he likes best. (3형식)

(7) I don't know when he has gone. (3형식)

(8) I don't know if it will rain. (3형식)

(9) I wonder if she is at home. (3형식)

(10) That he is handsome is true. (2형식)

  It is true (that) he is handsome. (2형식)

연습문제 10

(1) The man who wears blue jacket is my uncle.
  [주] [형용사절] [동] [보]

(2) He has a house whose interior is excellent.
  [주][동] [목] [형용사절]

(3) The woman who lives next door is very friendly.
  [주] [형용사절] [동] [보]

(4) The thing that really surprised me was his action.
  [주] [형용사절] [동] [보]

(5) He likes her who(m) he met last night.
  [주][동][목] [형용사절]
  (또는 관계대명사 생략)

(6) The computer that I bought was made in China.
  [주] [형용사절] [동] [전구]
  (또는 관계대명사생략)

(7) I like movies that have funny story.
  [주][동] [목] [형용사절]

(8) The topics (that) he talked about yesterday are interesting.
  [주] [형용사절] [부] [동] [보]

(9) This is the house where we will live.
  [주][동] [보] [형용사절]

(10) 1990 is the year when I was born.
  [주] [동] [보] [형용사절]

(11) That Is (the reason) why I failed in the exam.
  [주][동] [보] [형용사절]

(12) Do you know the way (how) we go to the airport?
  [조][주][동] [목] [형용사절]

  Do you know how we go to the airport?
  [조][주][동] [목(명사절)]

(13) There is nothing you can eat.
  [허사] [동] [주] [형용사절]

(14) Everything I can give you is love
  [주] [형용사절] [동] [보]

(15) He is my friend, who I will visit his house on this weekend.
  [주][동] [보] [형용사절]

연습문제 11

(1) You have to rest when you are tired.
  [주] [조][동] [부사절]

(2) Before you leave, can I see you?
  [부사절] [조][주][동][목]

(3) Until the meeting was over, I didn't remember it.
  [부사절] [주] [동] [목]

(4) They are striving so that they may win.
  [주] [동] [부사절]

(5) We can't start because the storm has come.
  [주] [동] [부사절]

(6) She was so frightened that she fainted.
  [주] [동] [부] [보] [부사절]

(7) Although you don't like it, you have to do it.
  [부사절] [주] [조][동][목]

(8) He likes sports, while I like music.
  [주][동] [목] [부사절]

(9) Do as we do.
  [동] [부사절]

(10) He is not as old as I am.
  [주][동] [부] [형] [부사절]

(11) I know him better than you.
  [주][동] [목] [부] [부사절]

(12) He speaks as if he were a teacher.
  [주] [동] [부사절]

연습문제 12

(1) The best way is to help her.
  [주] [동] [부정사(보)]

(2) I like to collect stamps.
  [주][동] [부정사(목)]

(3) I have a lot of homework to do today.
  [주][동] [목] [부정사(형)]

(4) I think him to be kind.
  [주][동][목] [부정사(목보)]

(5) It is too hot to work.
  [주][동] [부] [보] [부정사(부)]

(6) The little girl asked her father to buy a doll for her.
  [주] [동] [간목] [부정사(직목)]

(7) I heard my father sing a song in the bathroom.
  [주] [동] [목] [목보(부정사)]

(8) My mother made me clean the room.

(9) I will get my hair cut.

(10) Watching TV is fun.

(11) We talked about going on a picnic.

(12) You can't prevent me from going there.

(13) She asked me climbing mountain with her.

(14) I have a hard time washing dish.

(15) The boy reading the book by himself is my cousin.

(16) I heard her praying the piano.

(17) I got a letter written in English.

(18) Being sick, she is absent from school.

(19) Meeting my grandmother, I hugged her.

(20) Staying in the United states, I studied English hard

연습문제 13

(1) I and my sister help my mother hard.

(2) It was cold, so I had a bad cold.

(3) He never studied but passed the exam.

(4) I am very tired. However I have to study more.

(5) Do it now. Otherwise, it will be late.